大夏书系·教师专业发展

青年教师
自主成长的秘诀

徐世贵　纪文杰——著

华东师范大学出版社
全国百佳图书出版单位
·上海·

目 录
CONTENTS

第1章
学会自己培养自己
——唤醒自主成长意识

上好课是教师最崇高的师德。名医一服药，名角一场戏，名师一堂课。医生的真功夫在病床上，演员的真功夫在舞台上，教师的真功夫在课堂上。青年教师一定要记住：成长比成功更重要。

好课堂来自好教师，好教师源于好学习。青年教师靠什么立住脚跟？威风靠不住，钱财靠不住，权力靠不住，真正靠得住的是你的专业。"闻道有先后，术业有专攻"，你要想让学生喜欢，让学生信服，你必须有真本事。所以，青年教师走上工作岗位，不仅要有工作意识，更重要的是要有强烈的学习意识。

一、立足自主，唤醒自我

谈到教师专业成长，许多青年教师认为只有参加一些专业培训才能促进专业成长，其实这是一个严重的误区。诚然，外在培训很重要；但青年教师必须清醒地认识到，真正的名师是靠自己培养出来的。一是外在培训的时间和机会是有限的，而自主学习的时间和机会是无限的；二是即使参加各种外在培训也要依靠本人的主观努力为基础。我们要抓住各种机会提升自己，小到一次课堂反思，大到参加名家讲座，都要认真对待。这才是我们所说的教师专业成长。

李嘉诚说："鸡蛋，从外面打破是食物，从里面打破是生命。"人生亦如是，从外打破是压力，从内打破是成长。如果你总是等待别人从外部去督促、鞭策，那么你注定成为别人的食物；如果能自己从内打破，那么你会发现自己获得了重生。教师可以去参加各种培训，也可能得到学校的各种帮助和支持，但是别人代替不了教师的学习和提高，最终只能靠教师自己，自己的梦自己圆。没人能陪教师一辈子，只能是自己救自己。

笔者认为，教师成长之路至少有两条：一条路是教师被动地去依赖于别人的培训，靠别人拉着、推着去做。内容由别人来规定，时间、方法由别人来控制。不能说这种学习对教师成长没有帮助，但相对来说，投入大却收效甚微。从这条路走出来的个性化教师凤毛麟角。另一条路是，教师自己主动出击，自主选择内容、时间和方法，紧密结合自己的工作实际和成长目标，边工作、边学习、边思考、边总结，这就是教师的自主学习，它是教师专业成长的高速公路。

为什么说自主成长比外主成长更重要呢？有这样一个调查：

调查 ▶ 促进教学水平提高的主要因素(选前三位)

最主要因素	个人苦刻钻研	学科功底扎实	经验积累	老教师的指导	进修提高	准备观摩课	教改经验
百分比	78%	62%	55%	48%	25%	18%	14%
排序	1	2	3	4	5	6	7

（选自倪传荣、周家荣《骨干教师队伍建设研究》）

从上图排序中可以看出，"钻研""功底""积累"等靠教师主观努力的因素占绝对优势。内因是成长的基础，外因是成长的条件，外因通过内因起作用。教师只有将外来的知识转化为内在的文化底蕴，才可能促进自己的专业发展。

人最容易也最能有效影响的变量，是自己，求人不如求己啊！别人不给我们机会，我们自己创造机会。不要等着别人去欣赏，要自己培养自己，把自己做大做强做优秀，自然就有人来欣赏。专业成长的途径，不能一味地到外面去寻求，而是要到内心去寻求。生命中最值得投资的是自己，你本身就是一个最好的银行，投资最好的方法是学习。

什么是自主成长？所谓自主成长是指教师个人自觉地根据内在成长需要和动力，结合个人生活实际，通过自我规划、自主学习、自我评价和调适，以自我专业发展和自我更新为目的的学习活动。追溯名师成长的脚步，名师成长史就是一部自主成长史。魏书生、李吉林、苏霍姆林斯基、叶圣陶是谁培养出来的？他们可能参加过各种培训，但主要还是自己培养了自己。

当然，这里强调教师关注自主成长，并不是让教师忽略外在培训的作用。充分利用好各种外在培训资源，特别是多读书，交高人，对教师成长也是至关重要的。（在后面的章节会做进一步的介绍）

二、认识自我，充满自信

世界上有两种发现：一种是发现外部世界；一种是发现自我。青年教师有了成长意识，还要充分认识自己，对专业成长充满信心。人生最大的遗憾莫过于始终没能利用自身潜能和特长去创造本可以出现的奇迹。有的青年教师之所以成长缓慢，与缺乏对自己的认识和成长自信心有直接关系。有一项对300多位教师的抽样调查问卷显示：针对"成为名师的最大障碍"这一问题，选择"自我认识不足"的教师比例最高，许多教师选择"对自我的认知非常欠缺"。

思想家蒙田说："世界上最重要的事情就是认识自我。"哲学家卢梭说："所有人类知识中最有用也是最欠缺的就是关于人类自身的知识。"著名学者特莱斯说："人生最困难的事情是认识自己。"哲学家柏拉图提出人类"要认识你自己"。

接下来，我们一起来看一个有趣的故事：

有一天，一个小和尚跑过来，请教禅师：师父，我人生最大的价值是什么呢?

禅师说:你到后花园搬一块大石头,拿到菜市场上去卖,假如有人问价,你不要讲话,只伸出两个指头。假如他跟你还价,你不要卖,抱回来,师父告诉你,你人生最大的价值是什么。

第一天一大早,小和尚抱块大石头,到菜市场上去卖。菜市场上人来人往,人们很好奇,一家庭主妇走了过来,问:石头多少钱卖呀?和尚伸出了两个指头,主妇说:2元钱?和尚摇摇头,主妇说:那么是20元?好吧,好吧!我刚好拿回去压酸菜。小和尚心想:我的妈呀,一文不值的石头居然有人出20元钱来买!我们山上有的是呢!

小和尚没有卖,乐呵呵地去见师父:师父,今天有一个家庭主妇愿意出20元钱买我的石头。师父,您现在可以告诉我,我人生最大的价值是什么了吗?禅师说:嗯,不急,你明天一早,再把这块石头拿到博物馆去,假如有人问价,你依然伸出两个指头。如果他还价,你不要卖,再抱回来,我们再谈。

第二天早上,在博物馆里,一群好奇的人围观,窃窃私语:一块普通的石头,有什么价值摆在博物馆里呢?既然这块石头摆在博物馆里,那一定有它的价值,只是我们还不知道而已。

这时,有一个人从人群中窜出来,冲着小和尚大声说:小和尚,你这块石头多少钱卖啊?小和尚没出声,伸出两个指头,那个人说:200元?小和尚摇了摇头,那个人说:2000元就2000元吧,刚好我要用它雕刻一尊神像。小和尚听到这里,倒退了一步,非常惊讶!

他依然遵照师父的嘱托,把这块石头抱回了山上:师父,今天有人要出2000元买我这块石头。这回您总要告诉我,我人生最大的价值是什么了吧?禅师哈哈大笑说:你明天再把这块石头拿到古董店去卖,若有人还价,你照例把它抱回来。这一次,师父一定告诉你,你人生最大的价值是什么。

第三天一早,小和尚又抱着那块大石头来到了古董店,依然有一些人围观,有一些人谈论:这是什么石头啊?在哪儿出土的呢?是哪个朝代的呀?是做什么用的呢?终于有一个人过来问价:小和尚,你这块石头多少钱卖啊？小和尚依然不声不语，伸出了两个指头。20000 元？小和尚睁大眼睛，张大嘴巴，惊讶地大叫一声：啊?！客人以为自己出价太低，气坏了小和尚，立刻纠正说：不！不！不！我说错了，我是要给你 200000 元！200000 元！

　　小和尚听到这里，立刻抱起石头，飞奔回山上去见师父，气喘吁吁地说：师父，师父，这下我们可发达了，今天的施主出价 200000 元买我们的石头！现在您总可以告诉我，我人生最大的价值是什么了吧？禅师摸摸小和尚的头，慈爱地说：孩子啊，你人生最大的价值就好像这块石头，如果你把自己摆在菜市场里，你就只值 20 元钱。如果你把自己摆在博物馆里，你就值 2000 元。如果你把自己摆在古董店里，你值 200000 元！平台不同，定位不同，人生的价值就会截然不同！

（选自紫龙印《小和尚卖石头，唤醒无数人！》）

　　看完这个故事，你有什么启发呢？观念决定思路，思路决定出路，出路决定定位，定位决定地位。这个故事启迪我们，你的人生理想定位不同，你的人生追求就不同；你的人生追求不同，你的人生价值就不同。张思明为什么能成为著名特级教师？他说："一个人的目标有多高，他的潜能发挥得就有多充分。"看来，一个教师在专业发展上能走多远，要看他的职业定位。有些事，不是因为做不到，是因为没想到。你能看多远，你就能走多远。所以，每个青年教师要相信自己是具有巨大潜能的生命个体，它就如埋在地下的金矿一样，有待于自己去开发和利用，要勇于认识自己。开发自己，创造自己，做最好的自己！

三、守住宁静，心无旁骛

　　对于有些青年教师来说，最大的成长障碍，往往不是环境和他人的制约，而是自己的惰性、满足、自我原谅、自我开脱，以及不甘寂寞、大事做不来、小事不屑于做的那种轻浮的"潇洒"。所以，青年教师欲成长，首先要耐得住寂寞，守住宁静，心无旁骛。为什么诸葛亮一旦出山就能大展宏图？正是他多年"淡泊以明志，宁静而致远"韬光养晦的结果。现在社会很浮躁，一个教师如果不能静心充电和思考，顶不住社会的各种诱惑，整天忙于各种应酬，处处分心，囿于吃不完的饭局、说不完的假话、扯不完的皮、玩不完的手机……成长进步是无从谈起的。

面对这个浮躁喧嚣的世界，我（指徐世贵——编者注）喜欢宁静与简约。我向往安静的生活。在别人看来，我太寂寞和孤独了。有朋友问我，你的生活是不是太单一枯燥了？可我本人并不这么认为，因为在所谓的"寂寞和孤独"中我找到了自我，找到了快乐，实现了我的梦想。因为有了宁静与简约，才成就了我自己。30多年来，多少个黎明即起，多少个夜不入眠，多少个节假日不休息，多少次书海泛舟，多少回奋笔疾书。是耐得住寂寞让我赢得了时间，是耐得住寂寞让我进步成长，可以说，没有寂寞也许就没有我今天的成长。

我觉得没有独处，就没有心静和专一。没有心静和专一，哪有深度思维？没有深度思维，灵感又从哪里来？我在办公室和家中的书房枯坐冷板凳的时间非常长，但是，看到自己的教科研方案一次次被采用和实施，一本本著作被出版和发行，一次次外出讲学受到青睐和好评，所有的寂寞和孤独都值得。如果你仔细去研究就会发现：真正做大事的人几乎都是孤独的。孤独，是思想世界的孑然独立，是心灵家园的惬意栖居。

当代哲学家、诗人周国平认为，人们往往把交往看成是一种能力，恰恰忽略了独处也是一种能力，而且在一定意义上而言是比交往更为重要的能力。反过来说，耐不住寂寞，不会享受孤独，也未尝不是一种很严重的缺陷。独处是人生中的美好时刻，虽然有些寂寞，但寂寞之中却又有另一种充实。梁秋实先生在《寂寞》一文中说："寂寞是一种清福。"事实上确是这样的，因为人只有在孤独之余透过思想和经历，才能够意识到自己的存在，这是一种难得的人生境界。寂寞时可以跳出红尘，"与自己对话""与古人同游"。

宁静则是一种韬光养晦保护自己的智慧，"韬光"指隐藏自己的光芒，"养晦"则是说处在一个相对不显眼的位置。也就是说，做人要低调，即当你的实力还不是很强时不宜过早地张扬。宁静与淡泊，是走出困惑、跳出迷茫的一把金钥匙。

工作虐我千百遍，我待工作如初恋。要想耐得住寂寞，守住宁静，心无旁骛，教师可以发扬两种精神：一是麻将精神；二是初恋精神。

研究表明，玩麻将的人有下面几种"品质"：（1）随叫随到，从不拖拖拉拉；（2）不在乎工作环境，专心致志；（3）不抱怨对方，经常自我反省；（4）永不服输，推倒再来！

再来看初恋精神。男女相恋有着一种神奇的力量。爱情能使青年男女感觉这个世界更加美好，花更红，草更绿。初恋是恋爱中最纯粹也最幸福的一个阶段。如果我们每天工作能找到初恋那种感觉，那么不仅少了抱怨，反而会感到工作是一种享受。

教师应该有两个"情人"：一个是自己的爱人，一个是自己的工作。从工作中找到初恋的感觉，你就会十分投入，热爱、专注、勤奋，不知疲倦。职场没有那么可怕，只要我们对自己的人生和修行"不改初心"。

四、敢于尝试，超越自我

有的青年教师公开课不敢参加，教学论文不敢写，遇上教研活动、公开课推三阻四，还美其名曰"平平淡淡才是真"。究其原因，他们惧怕失败，这样的心理重负钳制了他们本该自由飞翔的双翼。

机遇不会垂青于那些无准备的人，机遇也不会垂青那些畏首畏尾的人。一个畏惧课堂的教师，如果他逃避了一次又一次的研讨课、公开课，只上家常课，他必定体验不到教学激昂的乐趣和幸福。靠什么征服课堂？有人说靠多读书征服课堂，有人说靠多琢磨征服课堂，有人说靠多观摩征服课堂，有人说靠多反思征服课堂，有人说靠智慧征服课堂，有人说靠专业预设征服课堂……其实更应该靠你的勇气。

敢于尝试、超越自我这方面，江苏吴江的管建刚老师是个高手。他很早就注意到写作需要到阅读里吸收营养，学生要带着"作者是怎么写的"这一眼光去透视课文，于是开始了"指向写作"的阅读教学探索。当时，

《小学语文教师》的编辑就劝他"不妨拿出来，亮给大家看看"。管老师却认为时机未到：一是小语界大咖林立，自己人微言轻；二是自己的研究尚处于浅层次，需要静下心来深耕细耘。后来，等他的"作文教学革命"火遍了全国，"指向写作"的研究也成了体系，火候到了，他适时提出"阅读教学革命"，在全国小语界又掀起了一阵狂潮。

勇者无敌。要敢于挑战自己，请你上堂公开课，你就把它视为历练的好机会，勇于承担；请你在大会上做教育或者教学交流，你要欣然接受；请你参与课题研究，你要积极参与；交给你一个乱班，你要大胆接手，不辱使命。每一次接受，或许都是一次挑战，但同时也是一次难得的成长历练。成长的代价就是接受挑战。全国著名青年教师袁卫星谈及往事：当年老校长对他说，你们想爬多高的山，我们就搭多高的梯。袁老师当即回答，你能搭多高的梯，我就能爬多高的山。后来，袁老师主动请缨上公开课、汇报课。正是这种主动出击，使袁老师迅速成长，众多教育杂志相继报道他的事迹。袁老师固然有才华，但我深信这个世界上有才华的人多的是，中国教师队伍中有才华的人多的是，他之所以脱颖而出，一个重要的原因是，他有亮出自己的勇气。

勇气和信心是建立在实力的基础上的，所以，教师要想在关键时刻冲得上去，平时就必须努力钻研做好积累。

五、打实基础，创新自我

教师专业成长还有一个重要策略：一手抓常规，一手抓创新。有这样一个故事：

从前有两个和尚，分别住在相邻两座山上的庙里，这两座山之间有一条河，两个和尚每天都会在同一时间下山去河边挑水，久而久之便成了好朋友。

弹指一挥间，不知不觉五年过去了。突然有一天，左边这座山上的和尚没有下山挑水，右边那座山上的和尚心想："他大概睡过头了。"于是没太在意。哪知第二天，左边这座山上的和尚还是没有下山挑水。一个星期过去了，右边那座山上的和尚心想："我的朋友可能生病了，我要过去探望他，看看能帮上什么忙。"

于是，他爬上山去探望他的老朋友。当他走到左边的那座庙看到老友之后，大吃一惊，他的老友正在庙前打拳，一点儿也不像一个星期没喝水的样子。他好奇地问："你已经一个星期没下山挑水了，难道你可以不用喝水吗？""来来来，我带你去看看。"

老友带他走到庙的后院，指着一口井说："这五年来，我每天做完功课后都会抽空挖它。我们现在年轻力壮，尚能自己挑水，倘若有一天我们年迈走不动时，指望别人给我们挑水喝吗？所以，即使有时很忙，也没有间断过我的挖井计划，能挖多少算多少。如今，终于挖出了水，我就不必再下山去挑水了，可以有更多的时间练我极其喜欢的罗汉拳了。"

（选自"简书"）

这个故事给我们的启示是：一个聪明的教师在工作中要一手做好常规工作（这如同左边山上的和尚在挑水），一手做好创新（这就如同左边山上的和尚在挖井）。做好常规工作是为了保证自己教学质量的稳步提升，创新工作是为了寻求教育教学的不断突破，形成自己的特色和品牌。

一手抓常规，一手抓创新。什么是抓常规？对青年教师来讲就是要打好教学基本功的基础。如果说青年教师课堂成功的道路是一层层阶梯，那么一项项扎实的教学基本功就是阶梯上的石块。这正如中医强调"望、闻、问、切"的基本功，相声演员要求"说、学、逗、唱"的基本功一样。教师要想上课好，需研读解读课标教材，说一口流利的普通话，写得一手规范优美的"三笔字"等。基础不牢，地动山摇，教师只有打实教学基本功，才有可能上出精品课来。要做一名好教师，需要具有扎实的学识、丰厚的文化底蕴、活跃的思想和创新实践的能力。既要在岗位工作中坚守初心，充满激情，又要潜心学习，不断反思提高。

教师的工作特点是机械枯燥，简单重复，很容易产生职业倦怠感。这必然影响专业成长。有的教师"教育理念听校长的，教学设计抄组长的，上课内容看教参，作业及答案全是练习册上的"，而自己创新的东西却太少太少，既没有新的思想，也没有新的技术。简单重复让自己丧失了工作的激情，思维变得迟钝，精神变得麻木，生活枯燥无味，心理上也产生了职业倦怠感！就如一位语文老师说的那样："同一篇文章讲了无数遍，真的感觉很乏味，但几十年就这么过来了，实在无奈得很。"可见，教师能否快速成长，还有一个很重要的方面是有没有创新意识。

教师总是用单一枯燥的一种方法教学，新鲜感丧失殆尽，学生也会产生厌倦。教师要坚持"喜新厌旧"，让自己的心跳与世界同步，敢于否定自己，不断创造新的东西，只有这样，才能适应这个只有变化永恒不变的社会，才能满足学生和家长挑剔的目光。"喜新厌旧"，就要经常阅读书刊、阅读网络，这样才能够让自己对世界保持一种新鲜感，自然教学就会常教常新。

《人民教育》曾经介绍"一个敢走'野路子'的教师"刘永宽的事迹。怎样做一个让学生喜欢的老师呢？刘老师有这样几招：

第一招：数学课上讲笑话。每一节数学课，都要讲一个笑话，很有效的。数学课有笑话，别的课没有，学生就会很开心。时间也不多，一分钟，课前、课后、课中都可以，老师可随时调整。

第二招：不断改变自己的讲课形式。

第三招："三不做作业"——生病可以不做、家里有人去世了可以不做、家里有人结婚可以不做。

第四招：要教会学生讲四句话——"老师我还不懂""老师我懂了""老师，我不同意""让我来说"。

刘老师的"四招"是怎样得来的呢？来自于他的大胆创新。这是他数学教学艺术长青的根本。一位同校的教师说："刘老师多次上过《面积的认识》的公开示范课，我也多次听过，但是每每都有一种新鲜的感觉。这是因为他每次上完，总是要征求听课者的意见，他不爱听好话，喜欢大家挑刺。然后他独自反思，寻求新的突破。"刘永宽常说"艺术无止境，贵在不断创新"，他认为创新并不是把旧的方法全部推倒，搞一个全新的。如果在原来的基础上，在某一环节上有所突破，或者在教学语言、教学工具的运用上有些变化，都可以视作创新。

一位哲人说："走别人的路，虽然省力，却很难留下自己的足迹；走自己开辟的路，虽然艰难，却充满着奋斗的欢乐和笑声。"刘永宽老师由于勇于创新，不仅使课堂常教常新，而且使自己的教学充满活力和快乐。

六、面向未来，规划自我

著名企业家马云说："看见 10 只兔子，你到底抓哪一只？有些人一会儿抓这只兔子，一会儿抓那只兔子，最后可能一只也抓不住。"任何一个行业，只有 5% 的人在金字塔的顶端，他们做得轻松，成就巨大，对他们来说成功似乎很容易；而 95% 的人尽管非常努力，但成功却很有限。为什么？这是因为，5% 的人心中有目标，95% 的人如雾中探路，茫然无知。方向比努力重要，目标比勤奋有效。人不怕路走得远、走得累，怕的是没有方向。

教师专业成长也有相同的道理，要有目标和规划。调查显示，名师中占比达 87.9% 的人一入职就有明确的职业发展目标；81.8% 的人会根据教育改革与发展的需求以及自身教育教学实践不断调整自己的职业发展目标，使职业发展目标更好地契合自身状况。所以青年教师要特别注重自我成长的规划和设计。

教师怎么制订成长规划？结合教师个人学科、兴趣爱好和实际特长，可考虑以下几个方面：

第一，分析自己的优势与劣势。每个教师都有自己的长处和短处，都有自己的优势和劣势，要想取得专业成功，关键是认识自己的长处，发掘自己的创造潜力。教师要找准自己的坐标：我是谁？我应该在哪里？也就是寻找能够最大限度地发挥自己的优势的目标。

第二，选准突破口。军队打仗要寻找突破口，教师成长也要寻找突破口。对教师来说突破口就是成长切入点。这个切入点应包括以下几个特性：一是教师有优势（知识、技能、特长等），易于切入，易被突破；二是教师有兴趣，愿意做；三是与眼前工作能结合得上。

第三，规划成长目标。教师成长目标的规划应是多元的，从时间上看，包括远期目标、近期目标、阶段目标，以及日目标、周目标、月目标等；从内容上看，包括学习目标、工作目标、研究目标、健康目标、生活目标等。

第四，规划成长方法与措施。（1）多读。读教育报刊，读特级教师、优秀教师的教育故事，读教育经典，以及利用网络查阅资料等。（2）多听多看。听专家讲课、资深老师上课，看特级教师公开课的光盘。（3）多做。移植优秀教师的教学经验在课堂上尝试，多上校级、镇级或县区级公开课。（4）多思。要经常进行教学反思，总结经验教训。（5）多写。多写教学反思、课堂纪实案例、论文，勤做学习笔记。

海尔集团董事长张瑞敏说："坚持把简单的事情做好就是不简单，坚持把平凡的事情做好就是不平凡。所谓成功与伟大，就是在平凡中做出不平凡的坚持！"简单的招数做到极致，就是绝招！卓越教师专业成长的路上并不拥挤，能够不断坚持的人太少太少，成功贵在坚持，难在坚持，成于坚持。

青年作家孙春说："每个生命都是有其自身价值的，然而许多生命在结束前却尚未实现其价值，他们只是随着历史的车轮、社会的脚步，在漫无目的地完成从出生到死亡的过程。其间，他们丢掉个性，失去理想，埋葬幸福，丧失自我，甘于平庸，他们只是历史洪流中的匆匆过客。"不丢掉理想，不丧失自我，不甘于平庸！做一名卓越型教师是教师最值得干的事，用一生的时间去干好，让自己奋斗的足迹成为最值得欣赏的风景，未来的你一定感谢今天奋斗的自己。

第 2 章
怎样尽早在单位站稳脚跟
—— 勇于面对人际与挫折

一个没有交际能力的人，犹如陆地行船，是永远不会融入到人生大海中的。青年教师走上教育工作岗位，正确处理和协调好新环境下的各种人际关系，不仅关系到自己学识水平的发挥，还关系到自己能否在学校站稳脚跟的问题。所以，勇于面对学校的人际关系与可能遇到的困难挫折，是青年教师成长的又一节必修课。

一、情商是青年教师成长必修课

在有些青年教师看来，只要把本专业知识学好，把课上好，把班管好，用不着在人际关系方面动那么多的脑筋，其实这种工作理念是有失偏颇的。一位教师倾诉过这样的烦恼：

我参加工作五年了，工作上从不偷懒，甚至要比别人多干，学校安排我什么样的工作，我都乐于接受，从不争争抢抢。但是，人际交往方面是一个让我很头疼的问题。我感觉经常受到冷落，没有朋友。和领导的交往比较少，在评优评先民主投票表决中得票率总是少得可怜，我感到这个单位对我太不公平。渐渐地，我的心底产生一种消极甚至悲观的情绪。

我性格非常单纯，看事物非常美好。对人不设防，不会隐藏喜怒哀乐，完全没有心计。在被动的时候我经常选择沉默，但是我感觉非常难受，有时非常抑郁。老公说我是不会保护自己的人。我很少和家人提起这些事，不想让他们操心。受了委屈，我的唯一方法是经常开导自己。

有一次我听别人说校长对我的评价是：特别能忍。不知为什么回到家我偷偷地哭了。有时我真想离开这所学校。在这里我真的不快乐。唯一让我坚持下来的原因就是我的学生和家长们。为什么和同事相处这么难？您说我要不要单独和校长聊聊呢？我怎样处理与同事的关系呢？

从这位教师的切身体会中可以看出，不和谐的人际关系不仅会给教师带来无限的烦恼，还会使教师丧失工作斗志和进取心。这位教师遇到的问题涉及人际交流，实际上是人的情商问题。

青年教师成长需要情商。如果一个人不具备人际交往能力，或交往能力很差，他会十分孤独，也很难适应在社会中的生存。

诚然，教师首先要发展自己的专业水平，一个无能的教师教不出有能的学生，但是作为教师只教书不交人是远远不行的。对激光照排做出巨大贡献的王选教授说："从小学到大学，12年干部经历使我懂得要团结人，要为大家服务，要接受别人的批评，甚至受各种委屈，而这种磨炼对我后来取得一些成绩起了重要的作用。"王选的话是很耐人寻味的。

现代社会是一个开放的社会。教师要学会团结人，发挥团队精神，学会人际交往。自视清高，恃才傲物，是不可取的。青年教师走上新的工作岗位，要和同事交往，要和领导交往，要和学生交往，要和家长交往，又要和社会上的人交往。常常看到一些新教师走上工作岗位以后，由于处理不好各种人际关系，不仅影响了工作，而且败下阵来。所以新教师要做一个现代人，要学会保护自己，学会团结人，学会合作，适当协调关系，设法给自己创造一个宽松和谐的工作、学习、研究环境。

二、情商的诠释

情商又称情绪智力，是近年来心理学家们提出的与智力和智商相对应的概念。它主要是指人在情绪、情感、意志、耐受挫折等方面的品质。以往认为，一个人能否在一生中取得成就，智力水平是第一重要的，即智商越高，取得成就的可能性就越大。但现在心理学家们普遍认为，情商水平的高低对一个人能否取得成功也有着重大的影响作用，有时其作用甚至要超过智力水平的。

美国心理学家认为，情商包括以下几个方面的内容：一是认识自身的情绪，只有认识自己，才能成为自己生活的主宰；二是妥善管理自己的情绪，即能调控自己；三是自我激励，它能够使人走出生命中的低潮，重新出发；四是认知他人的情绪，这是与他人正常交往，实现顺利沟通的基础；五是人际关系的管理，即领导和管理能力。

新泽西聪明工程师思想库贝尔实验室的一位经理，就曾结合情感智商的有关理论对他手下工作绩效最佳的职员进行分析。结果他发现，工作绩效最好的人，的确不是具有最高智商的人，而是情绪传递能得到回应的人。这表明，与社会交往能力差、性格孤僻的高智商者相比，那些能够敏锐地知觉他人情绪、善于控制自己情绪的人，即那些善于与同事相处的良好合作者，更可能得到为实现自己的目标所需要的工作，也更有可能取得成功。

另一个例子是，美国创造性领导研究中心的大卫·坎普尔及同事在研究"出轨的主管人（指昙花一现的主管人员）"时发现，这些人之所以失败，并不是因为技术上的无能，而是因为情绪能力差、人际关系方面陷入困境而最终失败的。

三、青年教师人际交往的方法与策略

有些青年教师对人际交往有一种恐惧感，时时事事采取回避的态度。人是社会关系的总和，其实，有些人际关系是无法回避的，与其消极回避，不如主动交往。有时好事不是你能等来的，是要你去争取的。勇敢面对一些人际关系，积极沟通协调可能会把事情做得更好。下面介绍一些人际交往的原则和方法，教师可结合自己的实际情况作为参考。

1. 学会与同事和谐相处

青年教师走上工作岗位交往最多的是同事，尤其是同年组的老师将会朝夕相处。但是，越是相近的人，利益冲突越多，越容易产生矛盾。这些关系处理得好不好，直接影响自己的工作学习生活和成长。通常，新教师在处理同事关系时应注意下面几个问题。

（1）虚心向老教师请教。

一个带着傲气走上工作岗位的新教师肯定是处理不好人际关系的。比如，自己是大学本科毕业，而工作单位有那么多教师学历没有自己高，觉得以自己的学历和水平来教小学或初中有些屈才，于是在工作中、在同事交往中有意无意表现出傲慢、轻视。这是一个危险的信号，恃才傲物、不可一世历来没有好的结果。

青年教师走上工作岗位，首先要谦虚、谨慎。在年级组、在教研组、在学校中，无论遇到哪一类的人，都必须抱以虚心的态度。"尺有所短，寸有所长"，每个教师都有自己的优势，所以新教师要善于做"徒弟"，虚心向老教师请教。青年教师向老教师请教，所获得的不仅仅是知识和经验，还有同事间良好的人际关系。

（2）真诚守信，相互信任。

人际交往中，真诚是最有价值、最重要的一种品质。要做到努力地理解别人，设身处地为他人着想，而不是把自己的价值观、个性强加于人。所谓真诚，就是为人处世要真、要诚，说真话、办实事，一是一，二是二，不说过头话，态度要诚恳，为人要实在，不虚伪，不说谎。俗话说"精诚所至，金石为开"，为人真诚守信是十分重要的，虚伪和谎言只能是"忽悠"一时，不可能长久。

青年教师应严于律己，宽以待人。这种心态的特点是，充分体会到自己拥有一种强大的理性能力，对生活的价值有着恰当的理解，相信自己也相信他人，爱自己也爱他人。这种人能客观地接纳自己和他人，正视现实，善于去发现自己、他人和世界的光明面，从而使自己保持一种积极、乐观、进取、和谐的精神状态。

（3）遇事冷静，不意气用事。

青年人遇事头脑容易发热、冲动乃至意气用事。这往往造成不良后果。你面对的永远是有缺点的人。生活中不公平的事有很多，要学会适应。在人际交往中，切不可因为别人有这种那种缺点就横加挑剔、指责，甚至故意疏远、嫌弃、过分苛求别人，到头来只能使自己变成一个孤家寡人。同事有了困难，青年教师要学会帮助人，在学校的各项劳动中，要勇于多付出。对于学校职工中的大事小情，要根据自己的能力尽可能入乡随俗。

（4）少说多听，坦然认错。

青年教师走上工作岗位，最忌讳在不了解的情况下，不分对象、不分场合地夸夸其谈，应该少说多听。在交往中，要善于从对方感兴趣的话题入手，要善于聆听对方的谈话，而不能只顾自己滔滔不绝，让对方做你的听众。青年教师在同老教师交往时，如果发现自己有什么过错，要尽早地向对方认错，争取对方的谅解。切不可为保全自己的面子不敢认错，甚至文过饰非，那样势必会失去对方的信任。

青年教师要避免争论。心理学家建议，解决不一致的最好途径是讨论、协商，而不是争论。争论的结果，往往是双方比以前更相信自己绝对正确。青年教师要恰如其分地展现自己，在交往中应做到不卑不亢，自然地与人交往，而不是刻意地想引人注目，惹人喜爱，那样做反而会惹人生厌。

（5）适当保留距离。

距离产生美，在与人交往中，要以诚相待，但在处理人际关系时也不是越无话不说、越关系亲密越好，而应该保持一定距离。大哲学家萨特曾对人类相处的境况作过一个绝妙的比喻：他认为，人与人之间的关系，就像一群豪猪由于寒冷拼命地向一块聚集以保持温暖，同时又必须保持一定的距离，因为如果凑得太近，身上的刺就会给彼此造成伤害。

人与人之间的关系的确就是这么微妙，既要相互依赖，又要保持各自的相对独立性。这个比喻还暗示我们，距离感是人际关系中最根本的法则之一，同时它也是人际交往中最难把握的问题。一个人，知道距离的重要性，知道对不同的人应该保持怎样的距离，知道如何维持和调整这种距离，那么他就会在社会交往中显得游刃有余。

青年教师到新单位工作以后尤其应注意保留一定的距离。一是因为你到一个新单位，对各方面情况尚不了解，尤其对教师与教师之间、领导与领导之间、教师与领导之间的关系不了解，不要妄加评论或过早过快地与人交往甚密，一旦有了闪失，必然让自己处于被动局面。往往祸从口出，无话不说容易带来意想不到的后果。所以，只有傻子才无话不说。二是有亲必有疏，青年教师到校后很快与某教师或某领导交往频繁，无话不说，那么有"三厚"，必然会有"两薄"，即虽然交了一些人，但也会失去一部分人。三是自己还缺少经验，交往过密，利益矛盾会更多，出发点是为了处好关系，实际上恰恰难以处理协调好各种关系。

（6）交友要慎重。

由于种种原因，人际交往肯定有远有近，有亲有疏。朋友不是越多越好，关键是要合适。丁江总结的"聪明生活秘笈18则"对老师们很有参考价值：

（1）把自己的时间分配给那些靠谱的人和事。

（2）把自己周围的人过滤一遍，排除掉低素质者，缩小朋友圈。

（3）善于与正常人、文明人沟通，适度采纳别人的意见。

（4）值得与跟生命有关的人耗着，少在与生命无关的事上耗着。

（5）远离那些背后总给人挖坑下套，搞小动作，破坏团结，总爱讲他人的不好的是非小人。

（6）超过十个人的饭局和吹牛瞎忽悠的酒局尽量少参加。

（7）与人为善，以诚相待，善于吃亏，对有些无聊之人少承诺，不许愿，避免吃亏。

（8）有些事情可以拖一拖，没必要那么着急，事缓则圆。

（9）杜绝事必躬亲，学会抓大放小，能够自己完成的事不去求人。

（10）减少被别人利用的次数，对另类人不留客，不送客，学会合理减负。

（11）不要认为自己比别人做得好，即便你很出色，也要随时发现别人的长处。

（12）减少蜗居时间，定期选择出行方向与目的地，亲近大自然。

（13）常问自己，谁对我有恩还没加倍报答？做到人近一尺，我进一丈。

（14）尽量减少与性格孤僻、性情暴躁、喜怒无常、心态扭曲的人接触。

（15）经常笑，学会向比自己小的人称哥道姐，以保持自己的年轻心态。

（16）保持健康，有健康的身体才有快乐的心情和积极向上的心态。

（17）多想想自己真正想要的东西，想要亲近的人，想不透就继续想。

（18）常抬头看太阳，保持阳光心态、阳光生活、阳光性格！

2. 学会与领导和谐相处

这里的领导是指教师在工作交往中能接触的教研组长、学年组长、教导主任、政教主任、副校长、校长等各级学校领导。

在中国有一个浓重的传统意识：与领导接触多了犯忌讳。即不能与领导接触太多，接触交往多了就被说成"溜臭须""拍马屁"等。在这种背景下一些能干的人由于脱离领导而耽误了自己的远大前程。而一些能力虽不强但善于"走上层路线"的人，却仕途坦荡、春风得意。所以从这个意义上说，领导脱离群众不是好事，群众脱离领导也不是什么好事。

那么作为新教师来到新单位，要人欣赏你，首先应有人了解你，当然包括各级各类领导。如果你十分忌讳和惧怕接触领导，时时处处躲避领导，领导又怎能了解你，欣赏你，乃至重用你呢？所以，新教师从教后不应忌讳与领导的正常交往和接触，甚至还应主动地争取更多的机会与领导交往，争取得到领导的了解、对自己的信任和工作成长上的支持。

（1）打消顾虑，树立信心。

通常青年教师在与领导接触中有以下几种心理：一是自卑心理。自视与领导差距太大，不能平等交往与沟通，见官如见虎。二是忌讳心理。怕与领导接触多了，引起"嫌疑"和"闲话"，追求做一个所谓正直的人。三是清高心理。看不起领导，恃才自傲，自以为是，不愿与领导沟通，独来独往，自觉没有领导也行。四是无所谓心理。有的教师根本不看重自己的进步，当然对领导的评价也就抱以无所谓的态度。

美国马歇尔将军说："年青人，要想领导别人，先学会服从吧。"这话是耐人寻味的。青年教师在与领导相处中要打消顾虑，克服上述几种心理，树立与领导和谐相处的信心。

（2）坦荡自然，合情合理。

所谓坦荡自然，合情合理，就是说青年教师应抓住在学校正常的教育教学工作与各种活动中与领导交往的机会，主动积极与领导接触，沟通思想，汇报工作，征求意见。例如领导来听课，应不失时机地征求领导听课的意见，并借机征求领导对自己工作以来的意见等。

为了争取领导对自己工作的支持和帮助，青年教师还应主动出击，创造与领导交往的机会。如自己准备一节课邀请学年组长、教导主任乃至校长来听一听、评一评。自己进行一项课题研究，或写班主任工作经验材料、教学论文等，请领导给把把关。一学期结束，主动找教研组长、教导主任或校长谈一谈，汇报一下思想、工作情况，让大家对自己的成长提点建议等。

坦荡自然，合情合理，就是在与领导交往接触中尽可能避免超出常理的过频、过密的一些做法。为了交往而交往，为了搞关系而搞关系，必然会使自己的行为走向预期目的的反面。

（3）尊重服从，不是唯唯诺诺。

青年教师在同领导接触交往过程中，尊重、服从是第一位的，但尊重、服从并不等于唯唯诺诺，没有主见，没有个性。唯唯诺诺是盲目、是退缩、是软弱、是依赖、是懒怠的象征。青年教师要想赢得领导的信任和支持，不仅要尊重和服从，有时还需要拿出你的意见，甚至敢于说出与领导不同的意见，有理有据地说服领导。这样更容易赢得领导的信任和欣赏。这就需要青年教师要有勇气和智慧。

（4）工作精益求精，多立功少失误。

绝大多数的领导都是爱才的，没有几个领导喜欢草包。对于工作之初就缺少拼搏和吃苦精神，专业水平又很低的新教师，领导是不会喜欢的。领导看到的是每天上班下班，经常做的事不是读书、不是查阅资料，而是上网聊QQ、打游戏，吃吃喝喝，从未见到主动承担工作，没有紧迫感、压力感，心态浮躁，基本功相当不扎实，但求财心切，有关利益到处去争，那注定是处不好关系的。所以作为青年教师，只花心思去搞人际关系，而自己的教育教学工作却很糟糕，不仅领导不能信任你，你在师生中也树不起威信。假如你工作总失误，又不知道努力克服失误，可能永远和领导搞不好关系。

四、正确对待成长中的挫折

一位哲人说，青年人犯错误，上天都会原谅的。青年教师刚刚走上工作岗位，由于缺乏教育教学经验，包括人生经验，在教育教学工作中、在处理各种人际关系中出现这样那样的失误是正常的。这就如同小孩子学走路，总要磕磕碰碰一样，关键是青年教师要能够正确对待和处理。

这是一位年轻教师写给窦桂梅老师的信：

路在何方？

从1999年至2004年，五个年头一晃而过；从第一声稚嫩的"上课"到现在的老成，眨眼初生的牛犊成了老黄牛；从浑浑噩噩不明事理到现在的积极上进，我完成了自己教学生涯的第一个五年。五年中，有喜有忧，有笑有泪。曾经因为第一次公开课被批得一文不值而独自流泪；曾经因为想充实自己写了一百多篇随记；曾经因为自己的第一篇文章发在了重量级的刊物上而欣喜若狂……

我现在已经教了五年的书，正在逐步形成自己的教学风格。但这所谓的教学风格究竟是好的还是坏的？是否尽善尽美了呢？我很茫然，也很着急。谁都知道，小树尚能改变，大树不能随意塑造。我现在再不改变自己，难道要等我成型了再去改变吗？到时，我还能像现在这样"能屈能伸"吗？

倘若现在有人能告诉我，我的优点，我的缺点，让我少入歧途，让我尽早改善，那该多好啊！可看看我的周围，我感到孤立无援。在我们学校，数学学科里，虽然有一些响亮名头的老教师，但却没有一个真正有能力的楷模。他们怎能帮助我呢？不仅是我们学校，就算是我所在的市里，这样的人也是凤毛麟角。

现实中我不仅不能得到能人的帮助，相反，我还陷入了危机。

我发现，正是由于我突出，我的周围出现了一些别样的东西，这些东西已经深深刺进我的心，让我禁不住地停住了脚步。

我把一些书放在案头，有空就看。同事看见了，直刺激我："用得着吗？知道点理论就行了。"我不知道该如何应对他们，同时我怕他们的三人成虎动摇我的意志，使我的成长半途而废。我参加教研活动，面对一些问题，畅所欲言表露自己的思考时，迎接我的是多张不屑的脸，外加几句"又神气了，有什么呀"之类的话。那种眼神，那种话语，使我"收敛"了许多，我怕我的"尖锐"引起他们的不满。我不想被他们同化，又不想得罪他们，但我发现，我似乎很难两全。这矛盾，已经带给了我深深的痛，也制约了我的成长，我该如何面对现在的环境，走一种自己的路呢？

（选自窦桂梅《窦桂梅与主题教学》）

这是窦桂梅老师写给青年教师的信：

就这样"慢慢"长大

读你"环境的逼人""成长的烦恼"，于我心有戚戚焉。曾经我也像你那样奋斗过，追求过；也像你那样困惑过，苦恼过。

你能想象得到，将近5年的"迷失"中，我怀着怎样的心情，学校哪缺人就让我去填空。在教音乐课两年的日子里，对于当时学校根本不重视的科目来说，对于只是音乐爱好者的我来说，一旦精神世界里无比强大的东西堕入"红尘"，就脆弱得可怜，只能在艺术之门的外边"莺歌燕舞"。但是我知道应该怎样活在当下。于是，从积极的层面理解学校对我的"赏识"——别人不行，我什么都行。没有了埋怨环境的心情，也没有了埋怨别人的牢骚——在自我调节的心态中行走。

对于人的生命而言，要存活，只需颜回的"一箪食，一瓢饮"。但，要想活得精彩，就要有宽广的心胸、百折不挠的意志和化解痛苦的智慧。甚至，一个人的精神可以击败许多厄运——何况你我的经历根本不是厄运。那个叫弗兰克的精神病学博士曾经在纳粹集中营关押了好多日子。那里的环境没有人性，只有屠杀，没有尊严，只有凌辱。但，多年后的他还是很"精神"地从魔窟中活着出来了——这是心境的魔力。

因此，从某种意义上说，人不是活在物质世界里，而是活在自己的精神世界里。如果精神垮了，没有人能救得了你，上帝也不能，只能靠你自己。

传说玄奘刚剃发在法门寺修行，有人劝他，法门寺是个名满天下的名寺，水深龙多，集纳了天下的许多名僧，若想在僧侣中出人头地，不如到偏僻的小寺中。

玄奘觉得有理，便想辞别，方丈领着他先去看了一个山头，山头上的两三棵松树，特别高大，但乱枝纵横，枝干短而扭曲；又去看了一片郁郁葱葱的林子，林子里的松树棵棵修顺挺拔。

"这些树，就像芸芸众生。它们为了一缕阳光，为了一滴雨露，奋力向上生长，于是它们棵棵成为栋梁。而零零星星的三两颗松树，在灌木中不愁阳光，没有树与其竞争，只能成为薪柴。"

玄奘猛然醒悟，留在了法门寺，留在了这片生命的林子里。我们教师的成长，何尝不需要这样一片生命的林子呢？

我得到过很多荣誉，也受到很多非议。面对这些打击，我也悲观过，过了好长时间，我才悟出了一个办法——用简单方法处理复杂问题。用阅读和思考将自己屏蔽于"不利"环境之外，两耳不闻是非语，一心只读"圣贤书"。让自己的精神世界飞得越来越高。有了这样的心态和信念，对于别人的议论或者诽谤，就会熟视无睹。相反，你还会把别人打击你的力量变成你进一步前进的力量。这就像爬山，刚刚攀升，就听见地面的嘲笑，甚至还会受到阻拦。但，勇往直前，不停攀登，越来越高，最后听到的只有风声，看到的是无限风光。

（选自窦桂梅《窦桂梅与主题教学》）

　　窦桂梅老师写给青年教师的信，语重心长，富有哲理。怎样看待人际交往和工作中的挫折和失败呢？人们追求的是成功，没有人喜欢挫折和失败，可是有时失败又是难以避免的，这就有一个我们如何面对挫折和失败的问题。世界上有两种人：一种人是成功者，成功者面对一个困难或问题有一万种办法；一种人是失败者，失败者面对一个困难或问题有一万种理由。失败不可怕，可怕的是挫折、失败后的沉沦。而人们在失败中所得到的收获往往比平常大得多，这就应了那句经典名言：吃一堑，长一智。

　　青年教师成长要学会等待。青年教师成长不要操之过急，要学会"慢慢"长大。做到"胜不骄，败不馁"。学会打气，把每一个学年看成是一个新的起点，把自己当成一个新的学习者、实践者。要耐得住寂寞，经得起等待。得与失，荣与辱，成与败，誉与毁，一切都淡然处之，拥有一份好心态。

　　总之，面对挫折和失败应该不断地总结经验教训，不断地去尝试和努力。哪怕屡败屡战，也要"不抛弃、不放弃"。

　　附：

王蒙的 21 条人际准则

在人际关系上，我有几条基本准则：

（1）不相信那些动辄汇报谁谁谁在骂你的人。

（2）不相信那些一见了你就夸奖歌颂个没完没了的人。

（3）不讨厌那些曾经公开地与你争论、批评你的人。

（4）绝对不布置安排一些人去搜集旁人背后说了你一些什么。

（5）绝对不在公开场合，尤其不能在自己的权力影响范围内，即利用自己的权力或者影响召集一些人大谈旁人说了你什么，那样做等于拆自己的台。

（6）不回答任何对于你个人的人身攻击，只讨论不仅对于你和你的对手，而且对于更多的人众，对于社会和国家，对于某种学理的建设和艺术的创造确有意义的问题。

（7）一般不做自我辩护，但可以澄清一些观点、一些选择、一些是非。

（8）一时弄不清或一时背了黑锅也没关系。你还是你，他还是他。一个黑锅也背不起的人只能是弱者。

（9）不随便拒绝人，也不随便答应人。不许愿，不吊人家胃口，不在无谓的事情上炫耀自己的实力。

（10）不急于表现自己，也不急于纠正旁人，再听一听，再看一看，再琢磨琢磨。

（11）不在背后议论张长李短。

（12）记住，人际关系永远是双向的，学人者人恒学之，助人者人恒助之，敬人者人恒敬之，爱人者人恒爱之。同时，说人者人恒说之，整人者人恒整之，害人者人恒害之，耍人者人恒耍之，虚伪应付人者人恒虚伪应付之。

（13）绝对不接受煽动，不接受挑拨，绝对不因A的煽动而与B为敌，也不因B的煽动而向着A冲去。

（14）在人际关系中永远不考虑从中捞取什么。

（15）永远不要以为任何你接触的人比你傻比你笨比你容易上套。

（16）对某人某事感到意外时，先从好处想想，可能他做这件事是为了帮助你，至少客观上对你无损，而千万不要立即敌意设想旁人。

（17）永远不与任何人包括对你最不友好的人纠缠。你搞你的人际纠纷，我忙我的业务工作。你搞纠纷的结果未必怎样怎样，我搞业务工作的结果很可能有一些成绩。我的一切成绩都是对你的最好回答，更是对友人的最大宽慰。

（18）寻找结合点、契合点，而不是只盯着矛盾分歧。永远安然坦然，心平气和，视分歧为平常，视不同意见的人为现实的诤友或候补诤友，而不是小气鬼般地一见到意见不一的人就如坐针毡，脸上红一阵白一阵。

（19）永远不从个人利害的角度谈论与思考问题，永远不"我、我、我"地与人争论，宁可把一切争执学理化也不要搞狗屎化个人化。

（20）把人际关系的处理当作一个特殊的课程，从中分析和进一步掌握我们的国情，我们的历史，我们的社会结构，我们的哲学传统与时尚思潮，我们的逻辑科学、文明教养、心理健康等，这也就是上一条所说的学理化的意思。

（21）可以用足气力去学习、去工作、去写作、去装修房屋，乃至去旅游去赛球去玩儿，但是用在人际关系上，用在回应摩擦上，用在对付攻击上，最多只发三分力，最多发力30秒钟，然后立即回到专心致志地求学与做事状态，再多花一点时间和气力，都是绝对的浪费精力、浪费时间、浪费生命。

以上21条，我自己并没有完全做到，但我确实明白，凡这样做的，效果极佳；凡没有这样做的，都是犯蠢，都是糊涂，都是枉费心机，甚至是丢人现眼。这是丝毫不爽的。类似原则还可以生发出许多许多条，这21条不过是抛砖引玉，以为共勉。

（选自王蒙《王蒙自述：我的人生哲学》）

第3章
带着快乐去工作
——寻找工作快乐的秘诀

教师的工作一定是辛苦的，但是在辛苦的工作中能不能找到快乐，是教师有没有智慧的关键所在。人最开心的事莫过于在国家政策法律允许的范围内，按自己的人生理想去生活，做自己喜欢做的事：读自己喜欢读的书，说自己想说的话，去自己愿意去的地方，体验自己渴望过的生活。可是，有这样理想的教师生活吗？我们又该到哪里去寻找呢？

特级教师贲友林的工作经历很值得借鉴：

辛苦中寻求工作的快乐

我1990年中师毕业参加工作，先后亲历了农村小学、城镇小学、城市小学的教师生活，处在不同的工作环境，却有着同样的做教师的滋味——繁杂、忙碌、辛苦、疲惫。这几个词，也是现实中大多数教师生活的写照。

我曾记录一天的工作："今天，早上到校，首先帮英语李老师看早读，然后，帮语文李老师看操和晨会；第一节课，听课；第二节课，上课；第三节课和第四节课，评课，再帮另一位老师备课、说课；中午，吃饭、值班；下午，第一节课，帮体育老师代课；第二课，听另一位老师上课，紧接着，安排本周六、日的东大活动。然后，评课，帮助备课，直至5点半，回家。课间，批改作业。"

其实，无论干哪一行的人，经过一段时间后，大多数都会倦怠自己的工作。倦怠，来自于简单，来自于重复，来自于单调。岁岁年年，朝朝暮暮，我们跨入校门，走进办公室，然后走向教室……这按部就班、日复一日、无声漫长的行程，委实静默平淡。我们都行动在习惯之中，大多数的日常行为都是习惯的反复而已，时间长了，习惯进入潜意识中，便成了秉性。习惯，有些是有益的，有些是无益的，甚至是有害的。将无益、有害的改为有益的，哪怕一处小小的改变，假以时日，必能受益无穷……否则，我们仍只会继续那种我们以往一点一滴积淀的、旧的行为方式。缺乏思考的忙碌，犹如疯长的野草，如果熟视无睹、不求革除，将在习惯的支配下蔓延。

反思教育生活，并通过文字记录，就是以书面方式提醒自己不满足于单调的、简单的、重复的生活，在试图改变的过程中穷尽创意生活的可能性，不断调整工作心态，改变工作方式，改善教育行为，重建教育观念。这一过程，理智地复现自我，筹划未来的自我；这一过程，辛苦但不心苦，忙碌但不盲目。我愿意用"心"来写一点文字。我相信有心的地方，就会有欣赏；有欣赏的地方，就会有爱；有爱的地方，就会有美；有美的地方，就会有自由；有自由的地方，就会有快乐！快乐工作，应该成为我们追求的目标。

一句话：辛苦，不心苦！

特级教师贲友林的"辛苦，不心苦"的工作座右铭和白岩松的"痛，并快乐着"的工作座右铭是一脉相承的。这恰是快乐工作的秘诀。有人曾经问一位科学界的泰斗："您的事业和家庭都如此美满，请问您是如何配比的？"这位科学家回答："我用100%的时间工作，我用100%的时间生活。"有一个社会学家给出了幸福的定义：幸福就是做自己喜欢的事儿，顺便养活了自己。热爱是最好的老师，现实生活中不都是由你去选择工作，而经常是由工作来选择你。这就需要你培养对工作的感情，由不愿意到喜欢，由喜欢到热爱。让有意义的工作有趣味，让有趣的工作有意义。

快乐工作是有秘诀的，不是做你喜欢的事，而是从此刻起，喜欢你正在做的事。也就是说先做应该做的，再做喜欢做的，然后争取把应该做的变成喜欢做的。

当然，带着快乐去工作，说来是一句普通话，真正做起来不是很容易，但是它一定是有秘诀的。下面我们就来帮助教师去寻找快乐工作的秘诀。

一、快乐产生于教育信念之中

人生有三种力量最宝贵：信念、情感、专业。信念又是重中之重。信念讲的是人为什么而活，它催促着人们奋斗，创造了世界上一个又一个的奇迹。挖掘特级教师贾友林的"辛苦，不心苦"，其思想根源是对教育的情怀和职业信念。

为什么从事同样的工作，有人没有职业倦怠，有人职业倦怠非常严重？有人每天抱怨，有人缄口不言？在学校越是工作很努力的教师，越不抱怨；越是工作不努力的教师，抱怨越多。失败者总在怪别人，成功者总在检查自己。为什么会有这样的反差？最重要的是教师职业信念不同。所以，教师能否带着快乐去工作的关键，还是看能否修炼好自己的内心。内心怎样去修炼？教师要实现职业信念的内化。

有这样一个民间故事：

唐僧师徒四人历经九九八十一难，终于取到了真经。回到大唐以后，李世民给师徒四人接风设宴。

李世民问孙悟空：你今天成功靠的是什么？

孙悟空说：我靠的是能力和人脉，没办法时我会借力。

然后问八戒：你动不动就摔耙子，怎么能成功？

猪八戒说：我选对团队了。一路有人帮，有人教，有人带，想不成功都难。

李世民又问沙和尚：你这么老实，怎么也能成功？

沙和尚说：我简单、听话、照做。

李世民最后问唐僧：你今天成功靠的是什么？

唐僧回答：我靠的是信念。只要不死，我就一定要取得真经。

上面的故事能给我们什么启示呢？小的时候，笔者看了《三打白骨精》，对孙悟空佩服得五体投地，觉得唐僧不仅无能，而且分不清是非，黑白颠倒，冤枉孙悟空。现在明白了，唐僧西天取经之所以成功，固然需要孙悟空的非凡本领，但唐僧坚如磐石的信念才是决定性因素。

自己选择的路，哪怕是跪着也要走到底。从古到今，从国内到国外，凡是做大事的人，都有坚定的人生信念。曹雪芹撰《红楼梦》批阅十载，增删五次；司马迁写《史记》忍辱负重，殚精竭虑；李时珍为《本草纲目》劳苦奔波历经二十七载；苏武牧羊持节不屈，寒风朔雪经受一十九年。这就是信念的力量。

美国前总统林肯说："喷泉的高度不会超过它的源头；一个团队的事业也是这样，他的成就不会超过自己的信念。"人，只要有信念，有追求，什么艰苦都能忍受，什么环境都能适应。如果说人生像一场航海，那么信念就是导航的指明灯。一个人、一个政党、一个国家、一个民族，只有确立了理想信念，才会有强大的凝聚力和向心力，才能从一个胜利走向另一个胜利。

每个人的心灵深处都珍藏着一份信念，有了它，才能拔起擎天的巨木，升腾冷漠的生命，黑夜袭来时也才有耐心期待天亮。教师的职业信念不同，价值观和人生追求不同，教育的情怀也就不同。所以教师要想带着快乐去工作，就得认同教师职业信念并内化，也就是真心认为教师事业是有价值的工作，有生命力的工作，投身于它，可以带来生命的满足感。

什么是信念？信念是人对某种观点、原则和理想等所形成的真挚信仰。一个人的工作动力、激情、力量、信心、意志等归根结底还是来自他的信念。信念是人的核心思想，它是我们生活、工作、发展的精神路线，是一个人成长的精神支柱，是生活、工作的总体原则。

什么是职业信念？指个体确信并愿意作为自身工作指南的认识或看法。职业信念的内化是教师快乐的源泉。崇高的职业信念源于职业认同。

职业认同是指认为自己所从事的职业有意义、有价值，并能够从中找到乐趣。教师是通过培养学生，体现自己的人生价值的。陶行知先生就曾说过："先生之最大的快乐，是创造出值得崇拜的学生。"徐特立也说："教书是一种很愉快的事业，你越教就越热爱自己的事业。当你看到教出来的学生一批批走向生活，为社会做出贡献时，你会多么高兴呀！"职业认同，简单来说就是做自己喜欢做的事和有意义的事，也就是把有意义的事做成有趣的事，把有趣的事做得有意义。

全国名师吴正宪说："教师工作是我生命的重要经历，我在年复一年、日复一日地付出，我也在年复一年、日复一日地收获。我收获了孩子们的那份真诚与渴望，收获了老师们的那份热情与期待，收获了社会的认可与尊重。同时，我也收获了自身成长道路上的成功和欢乐，实现了生命价值与教师职业生命价值的和谐统一。"吴正宪老师的职业信念应该成为青年教师努力的方向。青年教师要在工作中找到快乐，首先要像吴正宪那样有教育情怀，树立职业信念，对教育工作有认同感。

二、快乐产生于不抱怨的奋斗之中

积极的人像太阳，走到哪里哪里亮。消极的人像月亮，初一十五不一样。如果你靠别人的努力才能发光，你只能算是一个灯泡。我们应该成为发动机去影响别人，在别人停下来的地方，多走一步。教师的快速成长源自向上生长的内驱力，强大的内驱力来自责任感、使命感与担当精神。如果能把今天平凡的教育事业与国家、民族的未来时时联系在一起，我们不仅会获得源源不断的内驱力，而且每天都是快乐的。

有的教师走上工作岗位，满眼是不公平，这也看不惯，那也不顺眼，处处抱怨。非但工作干不好，而且没有快乐而言。其实工作中不抱怨，你就赢了。人活一世，总会遇到几场风雨，总会遭遇不公正的待遇。与其抱怨，不如改变；与其生气，不如争气！

不抱怨，是人生应有的态度。抱怨是最消耗能力的无用行为，正如比尔·盖茨所说："人生是不公平的，习惯去接受它，永远不要抱怨。有工夫抱怨不如把抱怨的时间转化为行动。这个世界，是用能力和成绩来说话的，跌倒了就爬起来，有问题就想办法解决，抱怨有什么用。"抱怨除了浪费自己的时间，让自己消沉，让别人讨厌之外，别无用处。

最沉重的负担不是工作而是无聊，格局越大越不纠缠，智慧越高越不贪婪。有人对 120 位优秀教师进行问卷调查，问"您一生最大的追求是什么"，119 人（约占 99.2%）认为自己一生最大的追求是"工作成功，做出贡献"。在奋斗中享受奋斗带来的快乐，这就是有意义的人生，有价值的人生。

一个人真正的强大在于内心。人活着，必须有精神。精神是什么？是内心的力量，内心的光明。内心有力量，精神才有定力。内心有光明，力量才有方向。内心的光明若失去了，黑暗何等之大。反过来看，内心有一盏明灯，世间哪里有暗夜？到处都是光明。王阳明悟道："圣人之道，吾性自足，向之求理于事务者，误也。"人的内心拥有无尽的宝藏，智慧和能量可以吾性自足，幸福、自在、圆满的人生，同样可以吾性自足；幸福不必外求，就在每个人的心中。

人生不如意事十有八九，可与人言无二三。教师每天也会面临着很多烦恼。学生用他的无知与偏执让你生气，家长对孩子的偏爱与袒护让你动气，领导对你的误解和不公让你怄气，而自己有时也无端地低着脑袋生自己的闷气，这些气争先恐后地汇集到你身上，就成了一堆恶气。气生了不少，但问题解决不了。所以，我们得学会原谅，学会宽容，尤其是要学会化解，随时准备把烦恼丢到垃圾桶里，努力做个快乐阳光的老师。

我（指徐世贵——编者注）曾收到这样一封网上来信：

徐老师：

你好。我是一名在山区工作的教师，我也希望自己能有强烈的专业成长动力和工作动力，可是在我们这地方，大多数教师连"马斯洛"最低层次的需求都处于危机之中，怎样去追求更高层次呢？每一天我很无奈，也很郁闷。你能给我指点迷津吗？

——星空

这是我的回信：

星空：

你好！

谢谢你的来信。你提的问题很好，说明你在思考，作为同行我愿意与你沟通和交流。信里说你那里是山区，经济条件可能不是很好，因为我不知你的具体情况，所以无法估量究竟差到什么程度。回到你提的问题，我有几点想法，和你交流一下，仅供你参考。

不埋怨环境，相信积极心态能改变自我。信中说："在我们这地方，大多数教师连'马斯洛'最低层次的需求都处于危机之中，怎样去追求更高层次呢？"回答这个问题，首先要正确理解马斯洛需求层次理论。

马斯洛提出人的需求分成五个层次，从低级向高级逐步发展。这在某种程度上是符合人类需求发展的一般规律的。但是需求的五个层次，并非教条静止的，也就是说不是机械地满足低层次需求之后，才会产生新的需求。

目前心理学界，对该理论还是存在较大的争议：有些人认为该理论过分强调了人的生理属性，并且只注意了各种需要之间存在的纵向联系，忽视了横向联系，即同一时间内一个人往往存在多种需求，这些需求相互矛盾，导致动机产生斗争；有些人认为该理论带有一定的机械主义色彩，人的需求是复杂的，不能机械地、绝对地按层次进行划分，也并不一定严格地按上述各个层次逐级去满足。

比如说虽然你生理需求没有完全满足，但是能说你现在没有安全需求、社交需求、尊重需求、自我实现的需求吗？再如，当年国民党军队的条件要比共产党军队的条件好上多少倍，可是为什么红军、解放军最终用小米加步枪战胜了国民党的飞机和大炮呢？

如果机械地理解马斯诺需求层次理论，就会产生这种想法：人的成长完全是受环境和生理条件制约的。这很容易让人信天由命，抱怨环境，弱化人的积极心态，丧失人的主观能动性。曾有一位记者问一个十岁的牧童："你每天干什么？""放羊。""放羊为什么？""挣钱。""挣钱干什么？""娶媳妇。""娶了媳妇干什么?""生娃。""生娃干什么?""放羊。"悲夫!这便是人生的意义吗?当然,牧童的人生观不免有些幼稚,但是怎样对待自己的人生,如何使我们的人生活得有意义、有价值,这是每个人都该思考的问题。

如果认真研究社会上的那些成功人士,也仔细观察我们身边的普通人,你会发现:人的需求是有差异的。比如:商人以赚钱花钱为乐,企业家则以创造更大价值为乐。商人一直待在需求的最底层,沉迷于生理需求;而企业家待在需求的金字塔顶尖,实现自我价值的最大化。商人与企业家的差别,在于价值观不同,以及价值观背后是否对原始需求进行提升。学习马斯洛需求层次理论,不是为了给自己的懈怠找借口,而是要面对需求,提升需求。

我估计,你是读了我的《教师快速成长的10个要诀》一书后提出这个问题的。其实,我在书中所要表述的是人做事要有积极心态,而不是过多地抱怨环境。环境往往不是我们能左右的,我们能把握的只有自己的心态。用一句简单的话来概括,就是"心态决定命运"。

生下来就挨饿,上了初中就停课。我没有令人美慕的高学历,也没有显赫的家庭背景,只有积极的心态,靠的是自强不息。三十几年的努力,改变了我的命运,也改变了家庭的命运。

我不否定客观环境对人的影响,但是很多时候,环境往往并不由我们来决定,我们只能改变自己。也就是说,我们的工作、学习、生活固然有赖于好的环境,但更取决于自己的心态和作为。美国学者拿破仑·希尔曾说过:"人与人之间只有很小的差别,但是这种很小的差别却造成了巨大的差异!"很小的差别就是所具备的心态不同,巨大的差异就是成功和失败。心态是可以调整的,阳光的心态在于塑造。只要我们凡事抱有积极的态度,心灵就永远充满阳光。"改变消极心态、改变行走状态、改变教育常态"的老师,学会过一种幸福完整的教育生活。不要教着教着把自己教成祥林嫂,见谁都诉苦!学会欣赏生活,享受教育。

多少年来我一般不对工作抱怨,我认为,应付一项工作,不如喜欢这项工作;喜欢这项工作,不如享受这项工作。不把领导交给的工作当任务，而是当作品。舞台不是别人给的，而是自己找的。你劳动得越多，展示的机会越多，赢得的尊重、表扬就越多，获得的快乐和满足就越多。如果经常这样想，工作就特别开心。

人生没有彩排，每天都是现场直播。为了让生命不遗憾，让我们用积极的人生态度对待每天的生活和工作。相信，一个人心有多大，舞台就有多大；心在哪里，舞台就在哪里；舞台在哪里，成就就在哪里，幸福也一定在哪里！

上面这些人生感悟是写给你的，其实更是写给我自己的。

星空，愿你我共勉。

你的朋友：徐世贵

2010 年 5 月 3 日

所以，不要埋怨环境，相信积极心态能改变自我。幸福都是奋斗出来的，快乐产生于不抱怨的努力奋斗之中。青年教师工作中应尽可能多一些努力奋斗，少一些抱怨，自然会找到快乐。

三、快乐产生于有意义的生活之中

人能走多远？这事不要问两脚而要问志向。人能攀多高？这事不要问双手而要问意志。有的青年教师走向工作之初，急于挣大钱，这种心情可以理解，但是很容易使人误入歧途。笔者熟悉的一名师范大学毕业生，她聪明潜质好，毕业后被分配到一所中学做语文教师，工作不到两年就因课上得好在学校青年教师中脱颖而出，家长信任，同事敬畏，校长器重。后生可畏，发展前景无限，只可惜她渐渐迷上了追求"钱途"的补课，学校多次提醒挽救还是不收手，最后被处分：离开教学岗位，并全县通报批评。

人们往往更看重的是方法，而忽略了目标。比如从北京到深圳，去的方法有很多种选择：飞机、高铁、自驾等。如果你目标确定得很准，方法选择又很合适，就容易实现你的理想。如果你一开始确定的目标不对，那么即使你选择再好的方法，也很难实现你的理想。比如你把自己一生的奋斗目标就确定为追求金钱、追求物质生活，那么，即使选择再合适的方法，乃至你这个目标达到了，你也不幸福，因为你的目标定位错了。

所以，对于青年教师的工作方向乃至人生理想，有一个目标定位的问题。目标定位准了才能找到幸福快乐，目标定位错了不可能找到幸福快乐。

有钱就一定幸福快乐吗？有这样一种说法：食物越来越多，食欲越来越少；娱乐越来越多，愉快越来越少；离婚的越来越多，爱情越来越少；财富越来越多，满意度越来越少；房子越来越大，住的人越来越少；道路越来越宽，心胸越来越窄……

这一定程度上反映出目前的现状：物质生活极大改善，人们的幸福感反而下降了。当物欲横流、人心浮躁之时，人们会无限迷茫，找不到美好生活的方向。由此可见，人们的幸福和快乐不完全是由物质生活决定的，也不完全是由权力和金钱决定的，而主要是由心态决定的。

另外还有一项调查：中国现在有抑郁症患者 2600 万人。每年想自杀者达 200 万人，仅 2003 年自杀成功者即达 28.7 万人。南京市民陈思守望大桥十载救助 251 名跳桥自杀者。为什么令人惊愕的自杀事件层出不穷？灰暗的心态驱散了幸福，他们才走向了末路！

钱是人生需求，但是不是人生追求。教师靠什么在学校立住脚跟，建立威望，找到幸福和快乐呢？钱靠不住，权靠不住，真正靠得住的是专业。官位是临时的，荣誉是过去的，金钱是身外的，专业特长永远是你自己的。专业不仅给你带来财富，更能给你带来快乐和幸福。岁月能让人容颜变老，专业能使人青春永驻。

我们要把工作当成一种享受。把工作转换成人生乐趣的教师是最聪明的。康韵洁说："作为一名语文学科教师，课堂就是我的生命。我把一天的光阴全凝结在这 45 分钟内。我把一堂课看作是一首诗、一幅画。每一堂成功的课，都会带给我巨大的快乐；每一堂课上的情趣融融，都会带给我无穷的愉悦。职业信念的认同是教师快乐的源泉。"

在我们物质生活改善的同时，应该提升我们的精神境界，让我们的灵魂去追赶我们的脚步。当然，我们所提倡的并不是去追求清高，而是不因物欲横流而迷惑，拥有一种平常心，一种踏实的人生态度，对工作、学习和生活始终保持积极阳光的心态。人生最大的快乐不在于占有什么，而在于追求的过程。正如马斯洛的需求层次理论所揭示的，满足人的物质需求并非是人生最终价值，自我实现才是人的最高境界。美国前总统福特说："所谓美好人生就是俭朴的生活，健康的身体，勤奋地工作。"家有房屋千万间，每晚只住三尺宽；家有良田千万顷，每日只吃三顿餐。其实，人生精神富有比物质富有更重要。

四、快乐产生于专业成长之中

笔者很喜欢这句话：生活可以是苦的，也可以是甜的，但是不能没有味道。青年教师在工作之初遭遇困难挫折是很正常的，因为恰恰是在这种坎坎坷坷、曲曲折折的奋斗中才能体验到人生的幸福和快乐。

要有积极竞争的意识：作为青年教师，要想让自己被老教师或者教研组长或者是学校领导重视，就要时刻有积极向上的状态，向老教师学习的同时，表达自己的想法，展示自己的课堂，求得老教师的指导，参与青年教师的课堂评比，在参与竞争中磨砺自己。

要扭转自卑情绪：青年教师，面对有经验的教师，容易产生自卑心理，认为自己在各个方面都一无是处。因此，在教研组活动中，不敢发言，不敢表达自己的看法，久而久之，缺少了自己的教学想法，总想依赖于别人，总怕自己说错。青年教师需要谦卑，但不需要自卑，要扭转自己的自卑情绪，阳光开朗，努力学习，拥抱生活。

下面来看一个故事：

教育人生经历了 4 个阶段，"我太难了"

张老师今年快七十岁了，在学校任教时就兢兢业业，被评为特级教师，每月享受名优教师津贴，比一般教师要多出上千元。在学校工作时，她就经常受邀到师范大学上课，给在职教师做讲座，还有多家教育杂志社约稿，保守估计这部分收入比一个一般老师每月在学校的工作收入还高。退休后，张老师担任多家公办学校的教学指导专家，周末还在培训机构任教，何止是退休后发挥余热，那简直是大放光彩，赚得盆满钵满。很多人羡慕张老师。

在一次辞旧迎新的茶话会上，张老师说：别羡慕我有钱，其实我也曾卑微地活着。年轻时候吃过很多苦，熬过很多夜，受过很多气……"我太难了！"回顾我的教育人生，大致经历了四个阶段。

1. 生存期——卑微地活着

我老家在东北农村，年轻时也算是当地的村花，有人打算做媒让我嫁给大队书记的儿子，我没有同意。我在乡中心校任教，平时就住在学校，没有业余时间，别的老师下班后都喜欢看看电影打打麻将，我都把时间花在读书、备课、批改作业上。

我知道自己是个农村孩子，只有比别人更吃苦才能告别农村。记得自己刚刚入职当老师，对待学校那些老教师就像儿媳妇对待婆婆一样恭恭敬敬。我是早上起得最早的，给师父和办公室里的老教师把茶泡好，清洁卫生全包了。老教师家里有什么事情，我都是自告奋勇免费代课。因为我要练"手艺"。

青年教师正处于生存期，就像古时候的学徒一样。我们当老师就是在学手艺，古时候的徒弟什么事都要做却没有工钱，学徒期三年，在师父家里吃住，像佣人一样卑微地活着，但学成手艺自然会扬眉吐气。其实这也是在磨炼一个人的心性，正所谓"上天对你的每一份付出都标好了价格"。

我要在学校立足，要生存下来，所以不得不忍气吞声，校长把那些学校的公文材料写作任务全部交给我，还有他的发言稿汇报稿都请我帮他写，他要评职称需要发表论文也由我为他代笔。或许你们会说：你怎么这么傻？我却告诉自己练好本事是自己的，谁也偷不走。"水低为王"，熬点夜算什么。生了小孩，我一边奶孩子，一边写文章备课批改作业。我想：只要活着就好，没时间去抱怨。那时的工资才几十元，但我都存着，因为没有时间去花钱。

2.强大期——拼命地活着

在工作的前五年我是卑微地活着，工作五年后我渐渐走向强大。这段时间大概有十多年。我觉得自己是在拼命地活着。"与其生气，不如争气；与其抱怨，不如改变"是我当时的人生信条。我们做教师如何走向强大？唯有拼命努力才可以不断让自己走向强大。于是我拼命地学习，拼命地思考，拼命地练习，如果你们像我当年那么拼，你不优秀谁优秀？

我为什么要拼命让自己强大？家里人说有一碗饭吃就行了嘛，老公也说他养得起我。我开玩笑地说：我生而为人又不是当你家的宠物！

那个时候，我只要是听说哪里有名师的讲座我就会去听，我只要看到杂志上的教育好文我就抄下来，我的学习笔记记了十多本，备课本每一课都会至少写三页，每一句话都要反复斟酌怎么说学生更容易懂。

学校里发通知，只要是有论文比赛我都参加，只要是有赛课的任务我都主动报名。不少老师对我有意见，特别是在我们那个小地方，大家背后风言风语，说我贪图功名，不是一个老老实实、勤勤恳恳的老师。

我可不管那么多，只管自己拼命努力，没有那闲工夫和他们纠缠，我连解释的欲望和力气都没有。

3.绽放期——优雅地活着

工作二十年我小有名气，荣誉证书很多很多，出去上课被城里的校长发现，作为人才引进直接进了一所名校。我认为一个有心的教育人总有一天会优雅地绽放。那时候，你的举手投足都是一道风景。但是，前提是你要有底气，有本事，有智慧。

我是农村里生长起来的教师，记得那一次是第一次到省城里来。这所学校的校长专门去借了一辆好车，和副校长、主任一起来火车站接我。我觉得自己受到了莫大的礼遇，也下定决心在这所学校好好干，不辜负领导的信任。

在这所学校里我活得很优雅，领导让我担任教研组长，老师们对我很尊敬，很膜拜，有些年轻教师点名要跟着我学习，作业本抢着帮我批改，班上的黑板报也被美术老师承包了。

大家为什么会对我如此好？我又不是学校领导干部。后来我发现，因为我是有价值的人。有一位教师对我说：听君一席话胜读十年书，遇到教育教学工作中的问题去找你，马上就收获经验、智慧、方法。所以，自己首先得是一个有本事的人，才能优雅地活着。

4. 传说期——欣慰地活着

传说期就是把自己活成一段传说。这时候你会非常欣慰，因为校园里留下的满是你的故事，你对年轻人的影响，你对学校的贡献，你对学生发展倾注的心力。

我现在就可以非常欣慰地告诉大家，我就是一段传奇——从农村走来，没有背景没有人脉没有走歪门邪道，活得洒脱，问心无愧。

你们在学校里应该听到了太多关于我的故事：我如何带班，我教的学生如何有自信有纪律有修养；我如何帮助青年教师成长，怎么手把手指导教学设计；我如何带领语文组一次次夺得调研考试第一名……

（选自"腾讯网"）

张老师的教师人生和成长经历很值得青年教师学习借鉴。快乐产生于由弱到强的成长之中。没有人能够随随便便成功！暂时卑微地活着，为的是明天更加快乐和美好地生活。

我很欣赏特级教师贾友林的这个建议：工作中要经常问自己三个问题。

（1）教这么多年的书，你是越教越聪明还是越教越愚蠢？

（2）做这么多年的老师，你是越来越幸福还是越来越痛苦？

（3）你对于你所教的这门学科，是越教越有兴趣还是越教越觉得乏味？

越教越聪明，越教越幸福，越教越有兴趣，这恰是教师工作的目标，同时也是快乐的源泉和秘诀，青年教师们，朝着这个方向和目标努力吧！在教师人生中，你一定能找到属于自己的快乐。

第4章
备课不成功，上课肯定不成功
——青年教师备课的门道

这些年我（指徐世贵——编者注）到全国各地讲学的机会比较多，很多老师从不同渠道向我提出问题，比如这位老师："徐老师您好，我是入职两年的一名新教师，我读了《好课堂与教师成长密码》这本书，感受颇深。不想当将军的士兵不是好士兵，我也想成为一名名师！但在这两年的教师生涯中，我上课有时感觉特别累，孩子们有时听不明白，现在我很困惑和苦恼，希望可以得到您的指点。"

这位新入职的青年教师遇到的问题，有一定的代表性和普遍性。面对青年教师这样的问题，解决对策是什么呢？显然这是涉及很多方面的问题。备课不成功，上课肯定不成功。要上好课，首先要备好课，备课的质量影响着课堂上的发挥和效果。解决这位老师遇到的问题，需要做很多方面的工作，但首要的还是学会备课。所以在这章里重点说说青年教师怎样学会备课的问题。

为什么要高度重视备课？青年教师要想在课堂站稳脚跟，或者得到学生的信任，取得好的教学效果，首先要过会备课这一关。我们知道，"备课—上课—批改—测试—辅导"这是教学过程的几个主要环节。要提高教学质量，关键是上好课，向45分钟要质量。而要上好课，关键是备好课。在备不好课的情况下，教师的工作重心会出现本末倒置的现象。他们不是把更多时间和精力用于备课、上课，而是放在批改作业、课后辅导和应付频繁的考试上，这就造成了教学过程的恶性循环。

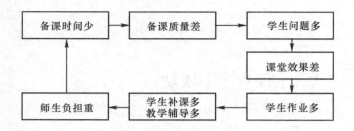

从上面这个图中，我们看出老师的工作状态进入了一种恶性循环。我们要课前勤一点，课上懒一点，学会巧用教学智慧。

很多名师对备课有过精辟阐述。曹晓红说："上课与备课的关系相辅相成，有怎样的准备，就有怎样的发挥和怎样的效果。"杨再隋教授说："语文课出现了'虚''闹''杂''碎''偏'的问题。如果这些问题带有普遍性的话，我认为问题首先出在备课上。"张子锷说："我教中学物理50年了，同教3个班，课已讲了150遍了，但是到最后一遍，不备课我还是不敢上课。"于永正说："关于备课的重要性不必说了，反正没备课或者课备得不充分时，我是不敢进课堂的。"李岩丽说："我的课要精彩，精彩的精髓不是热闹而在于深刻，深刻的精髓在于对备课的钻研。"

有的教师不重视备课，认为："备课有什么难的，当教师谁不会备课？教了一辈子书，不会备课不也教下来了。"其实，备课与备课之间有着千差万别。有的备课没有个人思考，照搬照抄别人的；有的备课参考与研究、突破与创新相结合，体现个人特色。如果学生课堂满分是10分的话，有的教师能让学生收获8分，有的教师能让学生收获6分，而有的教师只能让学生收获4分。10分的课你只上出4分，能说你会备课吗？

什么是备课？备课，顾名思义即课前的准备工作。好的备课是教师变简单备课为精心"研"课，即在独立思考研究的基础上，学习借鉴他人的精华，用心研读课标与教材、用心了解学生、用心研究教法与学法、创造性地使用教材，从而巧妙设计教学活动的研究过程。

备课通常有这样几种类型：

（1）长年备课。有一次，北京市特级教师陈毓秀讲《战国七雄》，极为精彩。课后有人问她："这节课备课用了多少时间？"她回答说："要说时间长，我准备了一辈子；要说时间短，我准备了 15 分钟。"

（2）学期备课。学期备课是指教师在课标指导下对整册书的钻研，可粗一些。学期备课后可编制出"学期教学进度计划表"。

（3）单元备课。单元备课是在一个单元或一个课题教学之前进行备课。单元备课需拟写出单元的教学计划。

（4）课时备课。课时备课是根据单元明确的教学目的、任务、要求、重点、难点及其相应的教学方法，从每节课的实际出发，认真研究和解决单元备课各项计划的具体落实。

（5）课前复案。这是在上课前教师对教案内容揣摩构思、默记熟练的过程。

（6）课后反思。这是教师课后回顾、反思总结的过程，可以写教学后记。

初入职青年教师备课容易出现偏差。青年教师备课，不是"备"，而是"背"，即背书、讲书。通常表现：一是备教材不备学生。新教师由于对教材不熟悉，所以花在教材上的时间较多，而对教学的主体——学生却考虑不周。二是备章节不备体系，备课内不备课外，写教案目的仅仅是方便教师讲课。三是教学预见性和针对性不强，教学目标常常过大或过小，教学设计有时不能完成所定的教学目标。课堂上的偏差是：一是对教学内容的重点难点把握还不十分准确，缺乏经验。容易"海阔天空"偏离学科特点，生怕自己知道的知识学生不知道，实际上学生应该得到的却得不到。二是以自己为核心，忽视学生的认识特点，教学成人化。青年教师容易从自身的认识特点出发，喜欢演绎，热衷于严格的推理证明，使教学的主观愿望和客观效果相违背。他们不懂得学生接受知识需要从特殊到一般、由感性到理性的理解过程。教学不生动、形象，缺乏趣味性。三是青年教师往往不注意学生的主体性，重讲轻练满堂灌。他们不明白，学生要把知识转化为技能，必须经过严格训练。教师在教学中要边讲边练，讲练结合，逐步提高练习的艺术，使练习有目的性、针对性、层次性。四是青年教师教学容易"一刀切"，忽略因材施教，课堂容易出现"一人生病，所有人吃药"的现象。五是青年教师上课发问一般过大过难，让学生无法回答，不会把大问题化为小问题，由易到难，循序渐进。

　　教师怎样才能做到有效备课呢？对345名教师备课情况的调查结果显示：在整个备课过程中，教师只有20%的精力用于钻研教材、了解学生、分析学情，80%的精力用于书写教案，这就本末倒置了。教师首先要有整体观念，即教师备课绝不是单一的备教材。备课一定要从课标、教材、学情、课堂现状、教学条件、思想观念等诸多方面思考问题，设计一节课。教师有效备课，应该重点做好以下几个方面的工作。

一、备课标，精准把握教材

　　课标就像高高的灯塔一样，为教师指明教学方向和目标，不学习课标的教学无异于失去方向。一位老师说："以前对课标不了解。教学时，对教材哪一点也不敢放过，唯恐教得不够。通过钻研课标，对课标的要求清晰了解后，整册教材哪里该删、哪里该增，便心中有数了。"

　　所以，教师深度备课，首先要安下心来钻研课标、教材，做到高站位把握课标，立体式整合教材。"课前钻得深，课上才能讲得浅""深入浅出，张弛有度"，正是对钻研课标、教材和课堂教学之间的关系简练、深刻又充满哲理的论述。理解和应用好课标，处处体现其基本精神是标尺；在此基础上深入研究课程，熟悉教学内容，理清教学思路，弄清楚本次教学让学生"学会什么"，这些都是深度备课的必备内容。只有在教材的研读上达到一定的深度和广度，才能在课堂教学中，打一场有准备的"战役"。

　　教师备课怎样研读教材呢？不同学科，有不同的方法。这里以语文学科为例谈一谈。

1. 反复细读

　　解读教材，要想读得深入，读得透彻，读出与众不同的发现，老师需要"潜身入海"，在"读"上下苦功夫。

　　（1）用不同的方式读。读的方式很多，默读、朗读、诵读、画读等，各有各的优劣，我们需要综合运用它们，边读边思考，边读边品味，读一遍不行就读三遍五遍，熟读还不过关就把教材背熟。功夫下到位了，自然就能把教材嚼烂于口，消化于心。

（2）从不同的角度去读。备课是教师和编者的对话，和文本的对话，和学生的对话，和自己的对话。解读教材，教师要与编者、教材和学生的心相通，才能真正吃透教材，准确把握目标，用活教法，上出韵味。

2. 四个结合

（1）结合课标研究教材。研究课标对本学段的要求有哪些，本节课的教学内容与之相关的有哪些，哪个是重点，课堂上如何呈现。

（2）结合学生研究教材。看教材内容与学生生活有怎样的联系，教材的知识训练点对本班学生来说是难还是易。老师应结合学生实际，结合当地的人文特色，对教材进行二次处理。

（3）结合本单元或整个知识体系研究教材。研究本节知识在整个单元或整个学段，乃至知识体系中所处的位置及地位；研究教材应进行哪些方面的整合。根据对教材的研究，结合学生的情况确定教学的重点、难点和关键点。

（4）结合语言训练研究教材。挖掘教材中提高学生语言能力的训练点，研究怎样结合教材适度发散，提高学生的思维能力和语言表达能力，以及这些训练点还可以有怎样的变式、与各类考试有哪些联系。

3. 瞻前顾后

瞻前顾后就是教师对教材要有整体意识，备课时遵循"由大到小""由粗到细"的原则。所谓"由大到小"是指备课的范围，要按照全册教材→单元教学→课时教学的程序来备课。"由粗到细"是指备课的深度，即教师对所教课程，要反复推敲，深入钻研。

瞻前顾后，关键是处理好全册、单元、课时备课的关系。全册备课要弄清教材体系，明确本学科教学任务，真正弄懂教材的基本思想、基础知识、基本技能及编写意图，透彻理解教材的精神实质、内在联系、纵横关系及广度深度，最终明确教学目的和要求。

单元备课是从一章或者一知识单元的角度出发，根据本班学生的实际学情，突破原有教材章节编排组合与教学结构、次序，对单元教材资源进行深度挖掘，提取出单元教学的核心价值，在此基础上确定基于学生最近发展区、本单元发展学科核心素养切实需要的教学目标、内容，创造性地进行整体教学。

单元创新教学设计思路举例：

（1）制定一个目标：会读会写说明文。

（2）围绕一个主题：文明的印记。

（3）设计一个情境：赏园林古迹，听自然物语。

（4）布置一个任务：完成单元阅读与写作实践。

4. 不断发问

阅读普通书籍，就像汹涌的河水蜂拥而来，奔流而去，偶尔才有点小漩涡。解读教材不一样，需要老师时时处处为自己"挖坑"，再逼着自己从"坑"里爬出来。最好的挖坑方法，就是不断对自己发问，所谓"真理诞生于100个问号之后"。比如，边读边思考：这节课蕴含的知识点有哪些？它们中间又有哪几个是当前应该教给学生的？用什么方式呈现？……

5. 寻找"缝隙"

寻找"缝隙"，就是寻找作品中自相矛盾、不可解释之处。这本是"新批评"倡导的方法，我们可以放大来用，不仅要去发现作品自身的"矛盾"，也要去寻找作品跟生活、跟人之常情的"矛盾"。撕开"裂隙"，追本溯源，我们往往能够找到隐藏在文本背后的东西。

总之，教师备课要对教材潜心研究，深入解读；要紧抓教学重点、难点、弱点、考点、易错点、易混点和盲点；要时刻铭记自己的困惑点、理解的难点，因为它们肯定也是学生学习的困惑点与难点；要铭记自己的阅读兴奋点、触动自己心灵的关键点，因为这样的内容就是课堂上我们和学生容易产生情感共鸣的生成点。

二、备目标，明确任务重难点

方法上的困惑往往源于目标的迷失。具体到一节课，教学目标就是其灵魂，是教学的出发点和归宿。所以备课时，明确教学目标、抓准重难点是实现精准教学的保证。

教师备课制定教学目标的过程也是明确教学重难点的过程。重点是对教材而言，难点是对学生的认知而言。二者并不相同，在不同的课时里，有时重合，有时不重合。所以，教师制定教学目标和设计教学，要从学生已有的知识基础、生活经验、认知规律和心理特征出发，找准教学的起点，突出教学的重点，突破教学的难点，捕捉学生课堂的生长点。

但在实际备课中教学目标常常被忽略。有一项对 34 名教师的随机调查：你在设计一节课时，要做哪些方面的工作?（可多选）。调查结果统计如下：分析教材，17 人，占 50%；分析学生，8 人，占 23.5%；设计教学目标，14 人，占 41.2%；设计教学活动，34 人，占 100%；教学评价，2人，占 5.9%。可见教学目标设计被多少老师所忽视啊。

目前教师制定教学目标存在的问题：

（1）随意制定，含糊不清。

（2）脱离实际，定位太高。有些老师往往把一节课的教学目标定得太大，与教学目的、课程目标混为一谈，导致学生压根够不着目标。

（3）贪多求全，主次不分。不少教师在制定教学目标时，由于缺乏对教学目标的深层次解析，一味求新求全，教学目标超越了教材规定的阶段性教学要求，增大了教学容量，加重了学生的学习负担。

（4）缺乏整合，重点忽略。比如：学习小古文《揠苗助长》，有的老师的教学目标只关注了文言文的朗读和意思的理解，忽略了对"其""之""矣"等文言虚词的关注。

（5）没有差异，层次感差。有的老师设计的教学目标，大而笼统，各课之间无衔接，无具体化的描述。

有效制定教学目标要考虑以下几个问题：

1. 理解：不简单搬用

教学目标，一定要在充分理解课标、教材的基础上，充分结合学生的实际情况来确定，绝不能将教学参考书上的教学目标照搬过来。

2. 取舍：适切教材学情

教师制定教学目标是明确教的内容，教的范围，教到什么程度。这就要求教师制定目标不能过高、过多、过难，脱离实际，面面俱到，更不能"荒了自己的地，种了别人的田"。

教师制定教学目标容易产生内容贪多、面面俱到的倾向。其实，一课一得反而会让学生收获更多，也就是"教得完整"不如"学得充分"。

另外，课时教学任务的确定，不应由教师以一言堂、拍脑袋的方式说了算，而应当根据学生的学习状态、学习水平和学习实际情况相机做出调整。教师制定教学目标必须与学情契合，因为真正的教学目标实际上也就是学生的学习目标。比如：《长城》一课，从结构、章法、语言、主题、顺序等很多方面分析，都有独特的语用训练价值。但是，哪些目标适合四年级孩子的年龄特征与最近发展区呢？王崧舟老师沙里淘金，巧妙取舍，确定了"指导学生了解'先写见闻后写联想'的文章结构，学习运用这种方法写一处景物"的教学主目标，取舍合理，主次分明，重点突出，效果特别好。

3. 具体：有可操作性

教师制定的教学目标一定要具体明确，操作性强，而不是形同虚设，含糊不清，甚至出现错误。要特别注意，目标的话语表达要清楚、明白、简洁、准确，必须防止模式化或程式化。表述中尽量不使用模糊不清的目标行为动词，比如"了解""掌握"，因为学习目标的行为主体是学生，他们很难界定到什么程度才算是"了解""掌握"，要使用"我能说出""我能辨认、复述、识别、背诵、回忆、选出、举例"等句式，尽量使目标描述具体，便于落实到位。

4. 分层：体现因材施教

通常教学目标有三个层次：基础性目标——要求 100% 学生达到的目标；拓展性目标——要求 80% 以上学生达到的目标；挑战性目标——面向 5%～10% 学有余力、基础较好的学生设计的目标。

教学目标制定要有弹性，既做统一要求，又有区别对待，基本方式是"上不封顶，下要保底"，做法是对不同层次的学生，心中有不同水平的教学目标。如课堂上，一个学生回答对了，并不意味着全班学生都正确认识了这个问题。在某位学生正确想法的旁边，可能还有其他学生或是模糊或是错误的想法；在学生能够正确解答的背后，可能还隐藏着学生对这个问题或有歧义或是错误的想法。教师面对走得快的同学和走得慢的同学要区别对待：让能"走五步"的学生不是机械地和全班其他同学一起"走三步"。对于那些甚至于眼下只能"走一步"或"走半步"的学生，教师可以允许他们一时不到位，慢慢走，一个阶段之后达到"走三步"的水平。学生能走多快，我们就允许他们走多快；能走多远，我们就接纳他们走多远。

5. 激励：增强学习信心

（1）语言表述上运用肯定的（而不是疑问句）、学生易于接受的语言，做到朴实无华，通俗易懂。

（2）要以"我知道""我能""我会"等作为表述的基本格式，体现对学生学习的激励性，并以此激发学生学习的浓厚兴趣和积极性。

（3）要切合学生的基础实际，是学生经过努力能够达到的，切忌好高骛远、贪大求多。

6. 评价：有可检测性

学习目标具有可检测性，学习步骤指向不同层级的目标，学生明白目标的同时，也知道如何检测目标是否实现了。例如："目标检测：8分钟内按照所提要求写一篇300个单词以上的文章，小组互批7分以上（拓展性目标）。"

三、备学情，读懂学生需求

教师备课要吃透两头，一头是教材，另一头就是学生。你了解学生有多少，你的教学成功才有多少。这就像作战打仗一样，做到知己知彼，方能百战不殆。

教师在课堂上讲什么当然是重要的，然而学生的学习意愿与能力状态更重要。一位老师就有这样的体会：我常常遇到这样的情况，自己辛辛苦苦地备了课，教案写得详，课讲得细，可学生听了心生烦怨，这是怎么回事呢？一了解，原来教学脱离了学生的实际。相反，有些课文，自己较熟悉，胸有成竹，只写简案，把时间花在了解学生、倾听意见、改进方法上，由于讲授的内容在详略取舍方面与学生的心理、基础、要求相吻合，讨论的问题与他们的兴趣、意愿相通，方法运用恰当，学生听得有滋有味，教学效果就好。

苏霍姆林斯基说："在每个孩子心中最隐秘的一角，都有一根独特的琴弦，拨动它就会发出特有的音响，要使孩子的心同我讲的话发生共鸣，我自身就需要同孩子的心弦对准音调。"教师如果不和学生的心弦对准音调，那就是乱弹琴，他说的话、上的课就不可能符合学生的生理、心理需要，就不可能在他们心中引起共鸣。振幅极小，或没有振幅，师生思想感情得不到很好的交流，教学语言的吸引力、感染力也就大大削弱。

教师眼中没有学生，对自己也是盲目的。读懂学生才能更好地驾驭课堂。建构主义强调，学习者并不是空着脑袋进入学习情境中的。在日常生活和以往各种形式的学习中，他们已经形成了有关的知识经验，对任何事情都有自己的看法。即使有些问题他们从来没有接触过，没有现成的经验可以借鉴，但是当问题呈现于面前，他们还是会基于以往的经验，依靠他们的认知能力，形成对问题的解释，提出他们的假设。教学应当把学习者原有的知识经验作为新知识的生长点，引导学习者从原有的知识经验中，生长出新的知识经验。

1. 备学情，备什么

备学情就是关注学生的学习背景。它包括学生的年龄特点、生理特点、心理特点、个性差异、生活经验，还有平时的学习环境、家庭环境等。教师要分析学生的个性品质、智力因素和非智力因素，研究导致学生成绩差异的原因，把握有效教学的真实起点。

教师要全面了解学生原有的知识基础，他们目前的经验有哪些，学习新课的能力在什么水平上，兴奋点和障碍在哪里，以及学生之间会有哪些差异……教师必须基本掌握学生能力的最近发展区域，也就是经过本课的学习，他们将在哪些方面有所提高。

另外，教师还需要思考：教材中，哪些是重点，是学生必须了解和掌握的？哪些是难点，需要教师在教学中予以引导或直接阐述？哪些是学生已经理解或者与教学目标关系不大，可以舍去不讲的？……

只有经过一系列的调查研究，真正把握学生的学习状况，才能准确定位教学目标。因此备课首先要研究学生，从学生已有的知识基础、生活经验、认知规律和心理特征入手，设计教学，做到以学定教，顺学而导。

特级教师董大方在教学《正弦和余弦》一课时就备了这样的学情：

新知识点：正弦、余弦两个概念。

新旧知识联结点：直角三角形的边、角，边与角的关系及平行线段比例。

兴奋点：学生在学习过程中总结出角不变则比值不变的规律。

创新点：学习了正弦和余弦后遇到了一个难题是，角不变则比值不变，有没有范围限制，在哪个范围内成立？这个难题作为课外探究题。

课堂教学实践证明，这四"点"的分析与确定是准确的。当天晚上就有20余名学生打电话给她，汇报自己课外探究题（创新点）的答案与想法。

2. 备学情，怎么备

教师备学情，了解学生的方法有很多。如下面这些方法：

一查：日常教学，查阅档案。形式包括作业批改、试卷分析、预习笔记检查、学生日记阅览等。

二问：对话学生，洞察教材。两个结合：（1）结合新知识的学习研究学生。把班级的每一个学生在自己的头脑中过一遍，想一想他们学习新知识的过程中会遇到什么样的困难，这些困难如何解决，他们对学习这一节应预备的相关知识理解到什么程度。（2）结合历届学生研究本班学生。回顾历届学生学习本节知识的经验与教训，研究本班学生会在学习中出现什么样的问题，研究这些问题解决的方法。

北京中学特级教师李志清在学情调查中采用"问题小纸条"便很有效。她说：调查问卷、访谈都是了解学情的好方法，我们不妨试用。但在教学实践中，我发现，最简捷高效的可能就是"写一张小纸条"的方法了。学生课前可以提交"问题小纸条"，老师根据小纸条，就能很快了解到学生最需要得到哪些帮助；学生课后可以提交"建议小纸条"，老师就能很快地知道这堂课学生的学习效果怎样，学生希望老师有哪些方面的改进。

三访：走访学生，听取意见。如抓住开学初、期中、期末这样的时机，通过召开座谈会，听取学生的意见。教师了解学生的工作不是静止的，不应停留在某一点或某一阶段，要有连贯性，经常做前后的比较分析。只要"音调对准"，教育的有效性就大大提高。

四调：制作问卷，主动调查。有位老师说：我每一年都对学生的各方面情况进行一次调查统计，每周收一次观察分析日记本，有目的地了解分析学生的思想、学习兴趣、能力等方面的情况。也可以在课后、放学路上与同学交谈，或者经常与家长联系，了解学生的思想动向。

五察：言行举止，暗中观察。尤其是要锻炼自己的眼力，要有敏锐的目光，要善于发现学生身上的优点、特点、长处，哪怕是思想、言行偏差较多的学生，他们也有成长向上的闪光点，为了和学生的心弦"对准音调"，教师要随时随地开放自己的感官，让学生的思想、品德、知识、爱好、生理特征、心理特征、人际关系等各种信息进入自己的脑中，分别储存起来，千万不能闭锁自己的感官。

六测：编制试题，测试学生。学生课堂前测是一种很有效果的方法。教师在上课前的一段时间内，通过不同的调查方式对学生的相关知识预习和相关学习方法进行测试，然后有针对性地设计教学活动，调整课堂教学策略。学前测就好比是有效教学的"探雷器"，它能帮助我们更加全面、准确地了解学生，更有针对性地确定教学目标，设计教学内容，开展更有实效的教学活动。

比如北京市朝阳区柏杨小学的语文教师赵嘉明，便在教学《草船借箭》一课前进行了前测：

（1）《草船借箭》中哪个人物给你留下的印象最深刻？为什么？

①通过调查发现，83%的学生对诸葛亮这一人物形象具有较深的印象。

②学生对诸葛亮、周瑜、鲁肃等人物形象已形成初步感知，但对人物形象的分析停留在表层，缺少深入体会。如学生理解的神机妙算等同于聪明、机智。而神机妙算指惊人的机智、巧妙的谋划，形容有预见性，善于根据客观形势决定策略。对人物特点和形象的认识深入程度不够。

（2）读了这篇课文，你还有哪些不明白的地方？

把学生的问题归类，我发现：学生的主要问题集中于人物形象感知方面。在理解人物形象的过程中需要补充相关历史资料，以学生的起点为依据设计教学重难点：

①抓住语言描写，体会周瑜、诸葛亮、鲁肃等人物的性格特点，通过对"神机妙算"的前后关联，感受诸葛亮的足智多谋。

②通过联系上下文和借助课外资料等方法对主要人物做出评价，激发阅读名著的兴趣。

四、备提问，以问题引领学习

一位初中生在作文中写道："我们不喜欢被动地听，喜欢老师预设情境，引导我们提出问题，在积极思维参与下研究问题，学习效果特别好。"可见教师备课备提问，以问题为主线引领学生学习是十分重要的。

但是目前教师的课堂提问设计还存在许多问题。有项调查表明：教师每节课有效问题占45%，低效问题占34%，无效问题占21%。80%的学生认为教师给予的思考问题的时间较少。70%学生在回答不出问题时保持沉默，这种情况下教师缺少对学生的启发引导，经常换人回答。在学生回答正确时，教师通常停留在重复学生的答案或者强调解题过程。

那么，教师在备课中如何更有效地设计问题呢？或者说，优秀的课堂提问应该是怎样的呢？我们看一下山东省临沂三中孟黎老师对《装在套子里的人》的教学设计。

1. 自读

教师在课前布置任务，让学生结合课后习题自读，然后在课堂上验收自读的成果。课堂验收主要分为以下四步：

（1）检查学生对文学作品的作者、时代背景的了解及掌握。

（2）检查基础知识落实。

（3）师：老舍先生说过，"一篇好的小说，人物形象是立在读者面前的"，同学们读了这篇小说后，发现主人公别里科夫有哪些怪异的行为呢？你能用自己的语言给大家描述出来吗？

生1：别里科夫是一个大白天打着雨伞，穿着大衣，戴着手套，穿着雨靴，与常人不一样的人。

生2：走路低着头，猫着腰，把脸藏在衣领里，恍恍惚惚的一个人。

（4）师：同学们对别里科夫描述得非常生动形象。那么，根据你的描述和理解，别里科夫具有怎样的典型性格？为表现这些性格作者在文中突出运用了哪些写人的方法呢？

生1：封闭、怀旧、胆小、多疑、害怕新生事物。

生2：语言、肖像。

2.解读

教师通过小说中典型人物的典型语言引导学生找出别里科夫的典型语言：

"我真傻，真的"（祥林嫂）；"我们先前——比你阔的多啦！你算是什么东西"（阿Q）；"多乎哉，不多也"（孔乙己）；"生存还是毁灭"（哈姆雷特）。

师：这些语言都极传神地揭示了人物性格，那么别里科夫的经典语言是什么？他在不同场合重复的这些语言，表现了他怎样的心理？

生："千万别闹出什么乱子。"表现了他封闭、怀旧、胆小、多疑、害怕新生事物的心理。

师：这句话应该怎样读呢？谁来试试？（一生读）

师：读出来别里科夫的心理了吗？为什么没有读出来呢？（要求学生反复品读—指名仿读—师生评读，共同探讨体会人物心理）

师：这句话中的"固然"一词，我能不能给换成"虽然"？读一读试试，换了有什么不好啊？

3.品读

师：人物形象的塑造必须符合人物性格的特点。例如，鲁迅的《药》突出描写了华老栓的手，通过对手的刻画揭示他此刻的复杂心理。在《祝福》中多次刻画祥林嫂的眼睛，通过对眼睛的传神刻画，充分展现祥林嫂的悲苦生活及不幸命运。那么，契诃夫刻画别里科夫的传神之笔又是什么？

生：脸色。

师：小说中多次刻画别里科夫的脸，最能表现别里科夫心理变化的是哪几次？脸色的变幻揭示了别里科夫怎样的心理变化？

生：漫画事件，脸色发青；骑车事件，脸色发白；冲突事件，脸色苍白。

师：那么，能不能把对别里科夫的"脸"的刻画换成对他的"眼睛"

的刻画?

生:不能。眼睛是心灵的窗户,他僵死的心灵早已把这扇窗户关闭。

生:能。由别里科夫的性格决定,他的眼神应是胆怯、多疑、呆滞、无神……可从这些角度描写。

师:别里科夫在华连卡的笑声中倒下了,别里科夫的死是他杀还是自杀?你怎样看待别里科夫的死?

生:既是受害者又是害人者。

生:专制制度毒害了他,他又是专制制度的维护者。

4. 悟读

师:至此,我们回头再看文章的题目,你怎样理解题目中的"套子"?还仅仅是雨衣、雨鞋以及别里科夫所教的古代语言吗?若不是,"套子"又是什么呢?

生:保守、顽固、腐朽、专制、禁锢的思想或制度。

师:别里科夫就是被这一重重的套子束缚,走向了人生的结局,但是,别里科夫这个世界文学史上著名的典型形象,至今还鲜活地存在于人们的印象之中,并将永远流传下去,想必定有其深远的现实意义。请问同学们,他的那些套子能给我们带来什么启示呢?

师:(总结)顽固、保守,不仅仅是别里科夫反对新事物、反对进步的套子,也可能成为生活在今天的我们反对新事物、反对进步的套子。人是很容易满足的,满足于已经取得的点滴成绩、满足于眼下比较舒适安逸的生活,于是不再努力奋斗、不再积极进取,"满足"便成了一种套子。不仅自己身受其害,而且还无情地嘲笑甚至阻止他人的进步,成为个人、社会前进的绊脚石。其实,在现实中,"骄傲"是一种套子,"虚荣"也是一种套子,"嫉妒"是套子,"自私"也是套子。我们只有根除自身的陋习、驱除心中的邪念,才可能摆脱"套子"的束缚,走向灿烂辉煌的人生。

这个教学设计有什么特点呢?

第一,问题设计有系统性。教材组织处理上不是零打碎敲,而是有系统性。坚持在读中学,以问题为主线,按照"自读→解读→品读→悟读"

的环节，设计成问题串，逐层推进，重点放在品读和悟读上，通过感知文本，把握人物形象，理解个性化语言及对人物形象的传神刻画，并与现实碰撞，体味其社会意义和现实意义。

第二，问题设计有适度性。问题设计的适度、适时、适量十分重要。适度，就是把问题提得准、提得富有启发性。适时，"不愤不启，不悱不发"，当学生处于"愤悱"状态时，当学生"心求通而未得""口欲言而未能"时，教师的及时提问和适时点拨，能促使学生积极热情地投入到学习活动中去。适量，恰到好处地掌握提问的频率，问题的设置应疏密相间，要留给学生充分思考的时间和空间。一节课不能提问不断，否则学生无法冷静有效地思考。

本课教师问题设计适度、适时、适量，由浅入深，以旧导新，从易到难，使学生通过问题解答，逐步突破难点，把握要领，掌握规律。

第三，问题设计有多样性。教师课堂提问有多种方法。比如直问：单刀直入，直截了当。曲问：欲问 A，先从 B 开始，问此意彼。再如追问：分梯度，连续问。追问就是把知识分解为一个个问题，一环扣一环不断深入地发问。

本课教师问题设计有直问、曲问，还有追问，生动活泼，又能引发学生深度思考。

五、备方法，选择运用恰当

选择运用方法是不是恰当，可以考虑这样几种因素：

1. 看方法选择

不管是什么样的方法，用法得当就是好方法。所以，我们要依据学科特点选择方法，针对不同层次学生用不同的方法。课堂上，教师要改变以往常见的师生一问一答"挤牙膏""打乒乓球"式的互动方式，学生与学生的互动交流应占据更多的份额，即不仅仅有学生与教师的互动，更多的是在教师的组织下学生与学生的互动。

小组合作学习是课改的重要成果，也是深化课改的重要内容，但是当下假合作泛滥，形式主义化趋向严重，有六大痛点：一是独学的虚化，二是对学的不足，三是合作的过度化，四是合作的浅表化，五是合作的功利化，六是被合作的现象。其实，这是需要我们理性思考的，我们应该回到课堂本质，抓住教学元素，在多样化教学细节上下功夫，而不应该用所谓的小组合作这一种教学模式，来代替多样化的丰富多彩的课堂教学形式。

2. 看教学方式

一节好课，要看教师如何突破重难点，看讲授的必要性、时机与时间量，看讲授时能否做到内容清晰、表达有条理、逻辑严密、情感积极投入、学生受感染。还要看启发引导时机是否恰到好处，问题设计是否有挑战性、趣味性和思维含量。

好的教师行为看调控。洞察课堂，能够及时获得学情反馈，恰当调整课堂节奏，收放自如，机智处理学生的错误和突发事件，保证课堂活而不乱，对目标达成有效监控。

特级教师曾军良认为：新课改不是不让教师"讲"，而是对"讲"提出了更高的要求——讲在重点的关键处，讲在知识的概括处，讲在思维的提升处。所以，课堂上教师不是讲得"少"，而是讲得"精"，讲得"好"，讲得"有序"，不是就题讲题，而是要由题生发讲，指导学生如何应用理论知识解决实际问题。一堂没有教师精要讲授和适时点拨的课一定缺乏深度。教师既要尊重学生，也要发挥自身的指导、点拨、调控作用，对学生理解不了、领会不深和理解错误的地方，要做必要的讲解。

每节课教师具体讲多少时间，要根据出现问题的多少和难易而定。如问题少、容易懂，教师就可以少讲；问题多、不易懂，教师就可以适度多讲。不同的科目、班级，情况各不相同，教师的指导方法和讲授时间也就不同。

3. 看学习方式

一节好课，更重要的是看学生是否有自主、合作、探究的机会。教师重在唤醒和激励学生充分地独学、对学、组学、群学。不仅要看学生的动态表现，更要看他们的静态思维，也就是学生思维活动参与的深度和广度。教师要根据需要，适时适当渗透学习方法的指导，培养学生的自主学习能力。从学习结果来看，一节好课，学生除了收获学科知识，更要在学科思想方法、创造性地解决问题等方面得到进步，也就是人们常说的在"学会"和"会学"上有所斩获。

4. 看技术运用

好的信息技术辅助教学，运用适当，简练而实用。从传统的一支粉笔，一个讲台，转变到图、文、声、像四位一体的学习方式，就要求教师要通过设计与指导，引导学生会用PPT、视频、拍照、录音等各种方式去表达，去学习知识，同时对学生们的互联网素养进行培养。但是，一定要注意，学生比课件重要，信息技术运用不能喧宾夺主。

六、备检测，重课堂效果反馈

许多老师不解，为什么我辛辛苦苦教了，学生也辛辛苦苦学了，可是教学效果不佳？原因当然是多方面的，但有一重要因素不可忽视，就是这些老师上课时只关心"春种"忽略了"秋收"。教学中忽略对课堂效果的及时检测与反馈，也就不能及时准确地了解每一个学生对当堂学习内容的掌握情况，自然也无法开展相应的教学调整，教学效果肯定会打折扣的。

那么，教师怎样有效进行课堂效果的及时检测与反馈呢？

1. 课前听写

开始上课，学生往往注意力不容易集中。如果教师此时进行听写，一是及时检测学生学过的内容，二是让学生迅速进入学习状态。教师可以把听写问题写在纸上，或者由课代表写在黑板上。当然，听写后教师要及时批阅并反馈。

2. 习题训练

课堂习题训练既能巩固训练，也可检测反馈，是最有效、最常用的方法。因此，教师要在习题选择和编排上多下功夫。当前课堂训练存在的问题主要有：重讲轻练，挤占学生练习时间；重点轻面，练了少数，丢掉多数；重旧轻新，简单重复，机械操练；重量轻质，只顾数量，不讲质量。

习题训练的选择编制首先应考虑少而精；其次要考虑梯次，按照模仿→再造→创造的形式次第出现；最后要考虑多样化，力避机械操练。

3. 自学检测

变被动的检测为主动的检测，不仅能开发学生的潜能，而且可以培养学生的责任心和良好的学习习惯。所以教师应该注重培养和训练学生自学检测的习惯。可以先自查，再同桌检查、小组检查等。教师要注意四点：一是放手让学生自检，二是给自学检测的时间与机会，三是指导自学检测的方法，四是做好督促与鼓励。

4. 自编互测

老一套考试方法都是老师出题，学生做。这样无疑限制了学生的思维，桎梏了他们的主动性。我们可以转变一下观念，变教师出题为学生自编题，学生之间互考。这样可以激发他们的热情，开拓他们的思路，并带有竞争效应。当然运用这种方法，教师要及时了解存在的问题，再进行全面讲解。

5. 口头反馈

当堂口头反馈是教师了解学情和教学效果的重要方式。平时教师应该创造安全、和谐、民主的课堂氛围，鼓励学生敢于质疑，培养学生勇敢说出四句话：老师我还不懂、老师我懂了、老师我不同意、让我来说。

课堂上常常会出现这样的情况：

教师提问："同学们，对于今天学习的内容，大家还有什么问题吗?"

全班学生异口同声："没有"。

经常听到这样的"对口令"似的走过场式的师问生答。其实仔细想一下：学生真的没有问题吗？教师为何要提这样的问题呢？教师应该仔细思考：怎样问，或者说怎样做，才能把学生真实的学情反馈出来？

6. 课堂检测

课堂检测方法有很多，如教师备课时编制检测单就是一种常用的方法。

《曹刿论战》检测单

主备人：河南省实验林州校区元瑞红

1. 学习目标

（1）熟读课文，积累文言词汇；

（2）鉴赏语言描写，分析人物形象；

（3）学习本文塑造人物形象的方法。

2. 预习资料

（1）《左传》：全称 _____，儒家十三经之一，中国第一部叙事详细的 _____ 体例著作，相传是春秋末年鲁国史官 _____ 根据鲁国国史《春秋》编成，记叙内容起自鲁隐公元年（前722年），迄于鲁哀公二十七年（前468年）。

（2）解题："论战"之"战"，是齐鲁长勺之战，春秋时代以弱胜强的三大战役之一。春秋时代以弱胜强的三大战役：齐鲁长勺之战（前684年）、晋楚城濮之战（前634年）、秦晋崤之战（前633年）。

（3）长勺之战背景：齐与鲁是春秋时的邻国，齐是较强大的诸侯国，鲁是较弱小的诸侯国。齐鲁长勺之战的导火线是齐国的内乱。齐襄公荒淫暴虐，他的两个弟弟为公子小白和公子纠。莒国和鲁国都各自护送公子小白和公子纠回齐国。公子小白抢先到达齐国夺得君位。公子小白就是后来的齐桓公，后成为春秋五霸之一。齐桓公当上国君后，以鲁国曾帮助公子纠为借口，于公元前684年进攻鲁国。鲁国被迫出兵抵御，战于鲁国长勺。

（4）给下列加点字注音。

曹刿（　　　）又何间（　　　）焉

小惠未徧（　　　）小信未孚（　　　）

下视其辙（　　　）登轼（　　　）而望

公与之乘（　　　）望其旗靡（　　　）

3. 通译全文，翻译下面的句子

（1）衣食所安，弗敢专也，必以分人。

（2）牺牲玉帛，弗敢加也，必以信。

（3）小大之狱，虽不能察，必以情。

4. 探讨人物

你欣赏文中的曹刿还是鲁庄公？

我欣赏 ＿＿＿＿，因为我从文中 ＿＿＿＿＿＿＿＿ 看到了他 ＿＿＿＿＿＿＿＿＿＿＿＿＿＿ 的一面。

5. 当堂练笔

结合本单元"历史智慧"的训练重点，设计课堂口语交际训练：

我们马上就升初三了，鉴于升学压力、时间紧迫，校长决定取消九年级的音乐、美术课程。针对此决定，请你写段话劝校长取消此决定。

第5章

突破教学设计这道"坎儿"
——学会优化教学设计

有位教师说："一堂堂精彩的课背后到底隐藏着怎样的故事？为什么同样的教学内容，在大师们的手中能演绎得如此精彩，而当我们去驾驭的时候，却往往不尽如人意？"这里关键因素是教师会不会优化教学设计。教学设计是一种智慧，一种创新，一种艺术。一节课设计得巧妙与否，直接关系到课堂教学的简与繁、易与难、顺畅与阻塞、生动与枯燥。一言以蔽之，教学设计决定一节课的成败。

青年教师备课必须突破这道"坎儿"，否则很难上好课。特级教师李吉林说："教学确实是需要设计的，它就像建筑房屋一样，没有设计、构架，怎能施工？我自己教了几十年小学语文，深知其中所费的功夫。其实，我非常热衷教学设计，我喜欢翻来覆去修改、调整，我不喜欢'一锤定音'，即使夜深人静，也乐此不疲。因为设计的优劣，直接关系到质量的高低。"还有一位名师说："每个假期我总把课文通读二至三遍，了解重点难点。备重点时，我要反复细细体味，记下许多零散笔记，然后归纳总结，再去琢磨教法。有时，一篇课文在我头脑中孕育许多天，设计多种教案，我总是要反复推敲才最终确定。"

什么是教学设计？所谓教学设计是指课堂教学的设想和计划。它是为了实现一定的教学目标，依据课程内容主题、学生特征和环境条件，为促进学生学习和发展而设计的解决教与学问题的一套系统化程序。或者说教学设计就是在上课之前，根据教材内容及学生的具体情况，预设的教学策略、教学思路等综合方案，也就是上课前所做的一切准备工作。准备工作做得越充分，考虑问题越周到，课堂实施就越有效。

教学设计的特点：

（1）规划性。课堂教学设计实际上是对整个教学过程的各项工作做一个规划，也就是教师对整个教学流程的基本构思。

（2）前瞻性。在做教学总体设计时，教师通过思考，预测教学内容、学习环境、教师的行为可能引发的效果，以及学生可能做出的反应，借助于想象拟出操作蓝图。如：如何组织处理教材？如何组织学生思考？教学时会碰到什么问题？……

（3）创造性。教学是一种创造性劳动。一份优秀教案是设计者教育思想、智慧、动机、经验、个性和教学艺术性的综合体现。只有设计者巧妙构思、大胆创新，课堂教学才能常教常新。

那么，教师怎样优化教学设计？

好的教学设计一定是充分有效备课基础上的设计，也就是说，没有充分有效备课，是很难优化教学设计的。目前教学设计存在的问题：

（1）目标不够明确，内容处理不当。对课标把握不准，对教材挖掘不深，突出表现是教学内容贪多，追求面面俱到。

（2）脱离学生实际，教师一厢情愿。教师对学生了解和关注不够，教学成了空中楼阁。

（3）设计肤浅平淡，难唤学习兴趣。教师自我重复，教学设计变成空谈。

（4）方式单一陈旧，学生学习被动。设计缺乏吸引力，不能充分发挥学生的主体作用。

（5）设计追求形式，实质效率低下。为设计而设计，搭花架子，内容空洞。

优化教学设计教师需要做的工作很多，最重要的是做好下面几项工作。

一、理念设计，"为学而教"

教学设计，是需要教师用一生时间去修炼的基本功。思想走多远，课堂才能走多远。教学设计中怎样实践"为学而教"的理念呢？我们来看一下特级教师贲友林的教学设计心得：

1. 设计课堂，也设计自己

我1990年中师毕业。初登讲台的我，不会备课，更不要说教学设计了。每天课前，我把两本参考教案中的教案抄一遍，然后照着教案上课。在抄写教案的过程中，我慢慢明白了"导入新课、教学新课、巩固练习、课堂总结、课堂作业"这样的课堂教学流程，虽是套路，但我就这样在课堂中蹒跚起步了。

教学设计，是需要教师用一生时间去修炼的基本功。每个星期日，我都是先看教材，再独立做教学设计，手写教案，尽管那时已有各种教案集等参考资料，但我从不抄袭，就这样准备好一周的数学课。6年独立备课的锤炼，让我养成独立思考的意识与习惯，后来我的比赛课、公开课、家常课，都是自己琢磨，自己设计。

现实中的教师是怎样设计教学的呢？如果是公开课，往往是团队协作，数易其稿，反复试教，不断修改完善教学设计。如果是家常课呢？有了互联网，可以在很短的时间内通过搜索、下载、打印，"搞定"教学设计。

这样还是教学设计吗？教师一般都很重视上课。如果说上课是"面子工程"，那备课才是"根基工程"。备课是"养兵"，上课是"用兵"。备课是最有利于教师教学能力提高的，也是为教师课堂教学这个"脸面"充实内在"品性"的最佳途径。教学设计，本应是脑力活，在现实中怎么就变成了体力活了呢？教师，该在面子工程上着力，还是在根基工程上下功夫呢？

作为教师，应当从以往关注"有没有备课"转而探讨"怎样备课"，并进一步深入研究与实践"怎样更有效地备课"。在"百度"时代，每位教师是否可以个性化定制自己的备课方式呢？我的教学设计，最初设计怎样教学生；后来，设计怎样教学生学；再后来，设计怎样教，学生能够主动地学、创造性地学、个性化地学。教师在设计教学的过程中，也设计着自己。

2.发现学生，也发现自己

结合我的成长经历，我把教师的成长大致分为三个阶段：第一阶段，关注教材，知道自己教什么；第二阶段，关注自己，在课堂中展现教师自己，从目前大多数公开课可以看出这一特点；第三阶段，关注学生，教师明白了教是为了学。从第一阶段到第二阶段，一般能自然过渡；从第二阶段到第三阶段，则需要教师的用心与努力。

做教师，总是时不时回忆自己曾经上过的课。每位教师所上过的课，铸就自己的课堂教学史。在我工作20年的时候，我梳理、回顾自己曾经上过的课，有三节课对我具有特殊的意义。

第一节课是《平面图形的面积总复习》。2001年，我经过县、市、省一轮又一轮的初赛、复赛，最后参加全国赛课获一等奖。全国一等奖，给了这节课一个美丽的说法。当年，一个又一个通宵地准备，一遍又一遍地试教——导入环节，"买油漆"改成"卖土地"；练习环节，每一道题目，殚精竭虑，力求与众不同；课件制作，每一处精雕细琢，精益求精……当时的课堂，我关注得更多的是知识点和按部就班地上课，是参与听课的教师（包括评委教师）的反应。今天看来，我觉得这节课似乎可以定义为"为教师的设计"，既为听课的教师而设计，也为执教的教师而设计。

第二节课是《认识时分》，2002年首次在江苏省"教海探航"颁奖活动中公开。这节课中"师生一起画钟面"的教学创意源于我家常课中的设计，而学生有关"闹针""秒针在最外层、时针在最里层、分针夹在中间"的想法也让我尴尬过。课堂的成功，恰恰源于对孩子生活的关注、对童年的关注，而尴尬，也恰恰是由于教师对学生的"视界"关注不够。进而，我感受到，教学过程中，学生的"反应"直接影响着教学活动的进程，并促使教师根据学生的反馈信息进一步调整教学活动的目标、内容、进行方式和进程。学生，影响着教师的教学。学生，应走进教师的视野。我们常常说，作为教师，要弯下腰、蹲下身，从学生的视角看待学生的世界。我以为，作为教师，还需要直起身，以成人豁达宽广的胸怀，尊重、接纳学生的世界。

第三节课是《7的乘法口诀》。2004年，江苏省教研室在苏州举办青年教师教学展示活动，我上了这节课。这节课的影响，出乎我的意料。至今，在网络中还有不少教师点击观看这节课的视频。回顾当年这节课试教、调整与改进的经历，我认为：教师的教学活动设计应当以学生年龄特征、心理发展特点、学习状态与水平为基础。若以往这句话还停留于纯粹"引用"的层面，那这时，这句话已经真正内化成教师的想法了。教学设计，因学生而调整、改变。教师看学生，不再是浮光掠影、蜻蜓点水。

三节课，有故事；三节课，有思考。对过去课堂的回顾，并不是让自己留恋过去；对过去课堂的反思，也不是让自己否定过去。我们需要"历史地对待历史"，历史是流动着的，从历史中走来，对自己流动着的思与行的梳理、审视，是为了认知当下，瞭望未来，摸索走向与路径，让今后走得更明智、更稳健、更坦然。

我从三节课中，发现了学生。发现学生，意味着重新认识学生，建构新的学生观；意味着教学从学生出发，学生的发展是教育教学的出发点和归宿。我在我的第一本书《此岸与彼岸》中写下这样一句话："对学生视而不见的人，对自己也是盲目的。"

我从三节课中，也发现了自己。我的课堂教学从以教为中心到以学为中心的嬗变，以及我在构建"学为中心"的课堂方面深沉的努力，和我这三节课是密不可分的。

3. 重构教学，也重构自己

我以为，每一位教师更需要有自己与自己"同课异构"的自觉、勇气、能力与自信，即由与他人"同课异构"转向与自己"同课异构"。与自己异构，通过对同一个问题的思考、阐述、理解、辨析、感悟、再思，构建一种对话场域，在对话中沟通理解、触发思考、促进优化、走向深刻。

教学中的改变，不仅仅是教学行为的变化，更有认识的变化。我在上述案例中的"异构"，正是要表达我对以学为中心的理解。以学为中心，在教学中，教师把学生带到学习任务中，以学生已有知识和观念为新教学的起点，给学生更多的学习和建构的机会，根据学生的学习过程设计相应的促进学生学习的教的活动。教师不仅要关注学生学了什么，更要关注学生是怎么学的、学生在学习过程中的态度如何，从而促进学生获得全面、生动、积极、和谐的发展。

萧伯纳说："我不是你的教师，只是一个旅伴而已。你向我问路，我指向我们俩的前方。"课堂教学的过程，就是教师伴着学生一起前行的过程。有两种样态：一种，教师在前，学生跟在教师后面，亦步亦趋；另一种，教师相信学生有前行的愿望与能力，放手让学生自主往前走，当学生前行方向出现较大偏差时，教师跑到学生前面引一引、指一指、带一带，然后又退到学生中间，或者在学生的后面，甚至做在路边为学生鼓掌的人。这两种课堂样态，正是对"教为中心"与"学为中心"课堂的形象描述与直观勾勒。

（选自《教师博阅》）

仔细阅读案例分享中贲友林的经历，你会发现：他的课堂教学设计成长是伴随教学思想观念转变成长的：第一阶段，关注教材，知道自己教什么；第二阶段，关注自己，在课堂中展现教师自己；第三阶段，关注学生，教师明白了教是为了学。他说："发现学生，意味着重新认识学生，建构新的学生观；意味着教学从学生出发，学生的发展是教育教学的出发点和归宿。"他的课堂教学实现了从以教为中心到以学为中心的嬗变。有一位老师说："以前，我总是很困惑：为什么有些问题在课堂上讲过多遍，学生的错误却依然如故？现在我知道，教学时只想'怎么讲'不想'怎么学'，课堂势必是低效的。"

教学设计首先是思想设计，以学生发展为本，落实学为主体。那么，教师在教学设计中怎样贯彻落实这个理念呢？

为此教师在教学思想设计中要重点考虑以下几个问题。

（1）发展为本。教学设计要把促进学生的发展作为教学工作的出发点和落脚点。即教学设计要关注学生的兴趣，关注核心素养、立德树人、必备品格、关键能力，尊重孩子的生命个性，解放孩子的身心，开发学生的潜能。

（2）学为中心。重点解决重教轻学的问题。要师退生进，学为主体，教为学服务，做到"教不越位，学要到位"，弱化自己的强势，强化学生的表现。

教师做到"五不教"：凡是学生自己能看懂的，教师不教；凡是学生自己能学会的，教师不教；凡是学生自己能探索出结论的，教师不教；凡是学生自己能做的，教师不教；凡是学生自己能说的，教师不教。

教师做到"三不讲"：太简单的、学生一看就明白的不讲；太难的内容不讲，因为讲了也不会，等于白讲；学生容易出现问题和理解上出现偏颇的地方，教师不应立即讲出答案，而应该利用学生已有的知识和经验去引导和启发学生。

（3）强化五动。为了调动学生学习的主动性，课堂要强调"五动"：手动与口动（行为的参与）、脑动（思维的参与）、心动与情动（情感的参与）。既要强调学生的行为参与，还要关注学生的情感参与。

同时，在现行的课堂教学中，教师们仍要努力实现三个转化：一是把教学目标转化为学生学习的核心任务，二是把核心任务转化为学生的学习活动，三是把学习活动转化为学生的学习力，让学生真正成为课堂的主人。如此，课堂才能生动有趣，扎实有效。

二、内容设计，创造性使用教材

教学设计，教师不能把教材教参上的话简单地搬到你的课堂里。要把"关注学生，为学而教"的理念真正落到实处，教师必须把它融入到组织处理教材、梳理教学思路、创造性地设计教学中去。有人问特级教师毛荣富："你凭什么上课呢？"他说："比参考资料更重要的是独立研究和处理教材的能力。"特级教师钱梦龙说："我认为判断一名教师是否成熟，主要看两条：一看教学思想是否明确；二看是否具备独立处理教材的能力。"

所谓教材组织处理就是教师在教学过程中，根据教学目标和学生实际对课程资源进行某种开发，对教材进行增删、取舍、重组、加工、包装的艺术处理的过程，以增强教材的情趣性、生活性，降低教材难度，使教学内容更趋于合理，让教材的教育教学功能得以充分实现。实际上教师组织处理教材也就是对教材进行二次开发的过程。

尊重文本　超越文本

个性化艺术处理

读懂吃透教材　→　组织处理教材　→　课堂教学内容
读懂·挖掘·内化　　增删·浓缩·激活　　符合学生教师实际

上课是一种教学再创造

如果说教师研课标、备教材是精准把握教学内容的话，那么组织处理教材，就是教师依据学生实际确定教学目标，进行教学再创造的过程。这个再创造包括对教材的增删取舍、浓缩简化等，最重要的是梳理教学思路，进行一节课的构想，也就是大家熟知的同课异构。

同课异构的过程就是教师依据教材内容、学生实际和自己的优势，梳理教材，设计出符合本班学生实际和教师实际的教学思路。比如针对杨绛的《老王》一课，下面三位老师有着不同的设计。

蔡孝娇老师的教学创意：

（1）走进老王；

（2）品味老王；

（3）献给老王。

余映潮老师的教学创意：

（1）读课文，说老王；

（2）读课文，说作者；

（3）读课文，说自己。

王君老师的教学创意：

（1）感受老王的"活命"状态；

（2）感受杨绛的"活命"状态；

（3）总结——"活"出高贵的生"命"。

同一课，三位老师有着不同的设计，反映了三个老师对教材的不同理解，以及不同的设计风格。这就是教学再创造。教师的功力也体现在这里。

那么教师在组织处理教材时，怎样梳理思路，才能实现教学再创造呢？可以考虑这样几个问题：

1. 抓住主题，理清思路

设计任何一节课，教师必须在充分理解教材的基础上做到中心突出、主题鲜明、抓住重点，而且要理清思路，设计好层次。例如窦桂梅设计的《秋天的怀念》这节课的基本框架。

教学预设：

（1）在"秋天"的回忆中，理解"母爱"的内涵；

（2）在"怀念"的情意中，感受"爱母"的思绪；

（3）在"秋天的怀念"中，获得"自己"的思考。

教学层次：

（1）感受"娘俩"的好好儿活；

（2）探究"我俩"的好好儿活；

（3）思考"我们"的好好儿活。

这个教学设计紧紧抓住了"好好儿活"这个主题，思路清晰，重点突出。课能上好，自然在情理之中了。

2. 找到主线，统领课堂

教学设计，另一种做法是教师组织处理教材时设法找到抓手，即抓住一条主线，以这个主线处理教材和设计学习活动。比如特级教师宁鸿彬的语文教材处理八法：

（1）抓联系——抓住课文中的人、事、理之间的联系设计教学活动。

（2）抓因果——抓住事物之间的因果关系，或从原因出发去寻求结果，或从结果出发去寻求原因。

（3）抓演变——研究人和事的演变过程，研究如此演变的条件等。

（4）抓线索——抓住课文组织材料的线索进行教学设计。

（5）抓头绪——先指导学生理出课文的头绪，而后指导学生领会思想内容和表现形式。

（6）抓评价——抓课文评价性语言展开教学活动，由此带出文中一系列的具体描述，达到理解全文的目的。

（7）抓特色——抓课文中内容、结构、手法、语言等独具特色的东西设计教案。

（8）抓警句——如果课文中有警句，抓住它展开教学活动，使学生领会警句的意思，进而理解课文。

3. 问题启发，无疑生疑

学贵有疑，小疑则小进，大疑则大进。所以，教学设计的一项重要任务是把知识问题化，让教材无疑处有疑。并不是随随便便把教材内容呈现出来，就能让学生产生强烈的学习兴趣与探索的愿望，获得深刻的感悟。只有那些能够激发学生强烈的学习需要与兴趣的教学内容，能够带给学生挑战，让他们获得积极的深层次体验，给他们足够自主空间、足够活动机会的教学活动，才能使课堂充满激情与活力。这就需要教师在处理教材时，于无疑处生疑，用问题激发学生的学习兴趣，以活动点燃学生的求知欲望。

例如宁鸿彬老师针对《皇帝的新装》这一课以问题为主线所做的教学设计：

问题1：请你们给这篇童话加个副标题，说一说这是一个什么样的皇帝（板书，一个……的皇帝）。省略号什么意思？

解决：同学们加的副标题有"一个愚蠢的皇帝""一个虚伪的皇帝""一个不可救药的皇帝"，大家认识到这样一个昏庸、虚伪、无能的皇帝是不称职的。

问题2：下面我们再来研究一下这个故事的情节，谁能用一个字概括这篇童话的故事情节？或者说这个故事是围绕哪一个字展开的？给大家一分钟准备时间。

解决：大家发表了不同的见解，分别是蠢、骗、伪、假、傻、装、新、心八个字。哪个是正确的呢？学生通过"排除法""检验法"确定本文通篇体现"骗"。

问题3：这两个骗子的骗术并不高明，他们的谎言只要是有一点头脑的人便可识破。可是，却有那么多人上当。这些人受骗的原因是什么呢？大家在发言的时候，请注意结合课文具体地谈谈自己的见解。

解决：如果他们没有私心，不考虑自己，就不会被骗了。正因有私心，把个人利益放在首位，怕这怕那，才会上当受骗，说了假话。

问题4：为什么小孩没有上当受骗？

解决：皇帝、官员和百姓都上当受骗，是因为他们有私心，而那个小孩敢于捅破真相是因为他没有私心，不考虑自己，没有顾虑，就什么也不怕。那么，我们应该从中明白什么道理呢？有私心，就容易犯错误。私心是犯错的根源，也是犯罪的根源。

如何实现知识问题化？教师备课时，要把学生需要掌握的知识点，通过理解、挖掘、重组、生成，转变为探索性的问题点、能力点，通过对知识点的设疑、质疑、解释，释放学生的探求欲望，激发他们的主动性和积极性。问题是教学的心脏，是教学的源头。问题的背后是人的好奇心。课堂教学中，学生遇到问题才会有兴趣，才会有想了解"真相"的欲望。

知识问题化要关注主问题的设计。主问题是相对于课堂上随意的连问、简单的追问和习惯性的碎问而言的。它指的是课文研读教学中能"牵一发而动全身"的重要的问题。

主问题要有一个相对集中的问题情境，可以由这一问，引发一系列的问题。主问题一定是能触及教学核心目标，作为深层次课堂活动的引爆点、牵引机和黏合剂的突破性问题。如《祝福》一课的主问题：祥林嫂是怎样死的？

总之，一节好课，应在课初，用问题引导学生走进教材；在课中，用问题引导学生掌握教材；在课后，用问题引导学生走出教材。

4.调整重组，贴近生活

通常，教学内容离学生生活越近，其作用发挥得越好。反之，越不能引起学生的兴趣，甚至不易被学生感悟和理解。但是，无论哪个版本的教材，由于受地域和学生实际的限制，以及文本教材本身的局限，都不可能同时适应不同地段、不同时间段的学生。所以，教师使用时不宜完全照搬，应根据需要做必要的调整。

比如：学习历史课《戊戌变法》，总结失败的原因是什么，学生们阅读教材，很容易就找到四个要点：（1）顽固派的阻挠。（2）维新派力量弱小。（3）脱离群众。（4）维新派缺乏反帝反封的勇气。如果教学停留在这儿，学生们似乎把该掌握的都掌握了，但是他们的理解一定是浮在表面的。

特级教师魏勇此时提出疑问：戊戌变法是一场救亡图存和思想启蒙的运动，但从另一个角度说是帝党和后党的权力的再分配，因此作为既得利益的顽固派（后党）必然要阻挠破坏。但是，中外历史上的一切改革都会有顽固势力阻挠，以日本明治维新为例，明治维新废藩置县，剥夺了大名和武士的特权，当然也会遭到他们的反对。请问：为什么旧势力的反对没有对日本的改革造成致命的危害，而对中国的改革却造成了颠覆性的破坏呢？

在学生迷茫之时，魏老师引入资料：

我们小时候读历史，常有中国不如别人之感，何以日本明治维新，几十年内就凡事做得头头是道，而中国似乎越做越糟。现在才看得明白，中国文化是亚洲大陆地理的产物，欧美和日本的物质文明，有他们海洋性国家的经验，况且每个国家发展，也有他们的先后程序，而其中最大的差别，则是现代先进的国家，以商业的法律作为高层机构及低层机构的联系。落后的国家以旧式农村的习惯及结构作为行政的基础。——《万历十五年》

当时，维新派应该怎么做，才可能成功呢？魏勇老师又出示了两则材料：一是光绪当时27岁，慈禧已经63岁了；二是凯恩斯的名言——"真理之所以战胜了谬误，并不是真理以其客观性说服了谬误，而是站在谬误一边的人都死了，站在真理一边的人都成长起来了"。

对教材的灵活处理，材料的适时引入，拓展了学生思维的广度，引发了他们对历史现象的反思，自然他们对于现实与理想的思考也会更加深入。

5. 化静为动，学生乐学

处理教材另一种有效方法就是活化教材，设法让静止的、抽象的、死板的教学内容活动起来，从而增强教学的感染力和吸引力。那么，怎样去活化教材呢？

（1）改变呈现方式。课堂不能只局限于老师的讲授，可以将实物照片、原始素材、文字资料、表格图形等各种形式的内容融入课堂教学，从而加深学生对教材内容的理解。

（2）改变学习方式。变革过去教师"一言堂"的怪圈，让学生学会自主学习、合作探究。比如学习《美国的独立》，你照本宣科，再让孩子们总结一下如何评价华盛顿这个人，孩子们是不会感兴趣的。教师不妨换一个角度介绍华盛顿：美国的历史书和咱们中国的教科书都高度评价华盛顿，认为他是杰出的政治家，是几乎完美无缺的伟人。可是英国的教科书把他看成是叛军的首领，把美国的独立看成是分裂。你觉得哪种观点靠谱呢？在学生熟读教材的基础上，再给他们补充合适的资料，这样，学生的好奇心被激活，探究欲会推着他去翻教材，啃资料，不断寻觅，不断思考。

三、流程设计，优化课堂结构

楼房有楼房的结构，文章有文章的结构，课堂自然也有自己独特的结构。课堂结构指一节课的组成部分及各个部分之间的联系、顺序和时间分配。课堂结构设计也就是把教学的有关因素组织在一起，按最优化的原则排列组合。课堂结构设计也称课堂环节设计、教学流程设计、教学过程设计。教学设计的作用是要靠教学流程的实施来实现的。

物质的结构方式不同，其特性会截然不同。比如：同是碳元素，其分子采取平面结构排列，即形成石墨；而采取立体网状结构排列，则形成坚硬无比的金刚石。元素结构一样，结构方式不同，就形成了截然不同的两种物质。同样，不同的教学结构，也会带来不同的教学效果。

多年来笔者一直致力于对名师和名校课堂结构与流程的研究，试图找到课堂教学流程结构中万变不离其宗最本质的东西，为此总结提炼出导、学、练、测、结、拓"六字要素"。

下面对"六字要素"课堂结构流程优化设计做一点说明：

1. 导：目标定向，激情导入

一台好戏演好序幕，一篇新闻写好导语，一部乐章奏好序曲，先声夺人，能激发人的兴趣，吸引人的注意力。同理，新奇多趣、引人入胜的课堂导入，能把学生带进一个跃跃欲试、美不胜收的学习天地里。

什么是导入？所谓导入是指教师在一个新的教学内容或教学活动开始时，引导学生进入学习境界的语言艺术与行为方式。通常课堂导入有两个重要目的：一是引起学生兴趣；二是切入教学内容。

例如王君老师《老王》一课的导入是这样设计的：

同学们，王老师是个热爱生命的人。我经常对我的朋友和学生们说，日子要像鲜花，一朵一朵地绽放。但是同学啊，生命有时候很遗憾，很无奈，很艰辛，不仅不是鲜花，甚至连草都不是，只像被人任意践踏的尘土啊，就如今天我们学习的《老王》中的老王。他的生命状态是什么样的呢？……

这个导入简洁、快速，达到了导入的两个目的，就是有效的导入。

课堂导入设计的类型和方法有很多：

（1）开门见山，揭示新课。针对教材特点，直接揭示学习目标，告诉学生本节课的教学要求、教学内容、教学流程等。

（2）联系旧知，提示新课。从已有的知识出发，抓住新旧知识的联系，精心设计导入新课，可使学生感到旧知识不旧，新知识不难，建立起新旧知识的联系，明确学习的思路。

（3）巧设悬念，引人入胜。善于创设问题，以奇特的形式设置悬念，令学生产生探究欲望，迫切想知道其中的奥秘。

（4）动手操作，亲身体验。别人说十遍不如自己做一遍，学生亲手操作，有切身实践，往往体会深刻，有助于激发悟性，增强思维力度。

（5）利用活动，创设情境。巧妙地利用猜谜、游戏、表演、朗诵等多种形式的活动来创设情境，以此进行课堂导入。

（6）故事引入，启迪思考。学生天生对新鲜的事物好奇，喜欢听有趣的故事。如果教师抓住学生这一心理特点来进行导入设计，也会取得理想的效果。

（7）审题入手，提纲挈领。有些课题就是这节课的"窗口"，也是教材内容高度的概括，从审题入手导入，能揭示一课的中心主题或重点难点。

（8）直观演示，提供形象。利用实物、标本、教具等导入可以化抽象为具体，不但为学生提供生动形象的感性材料，而且也为他们积累丰富的感性经验。

导入设计要注意的问题：求精，有概括性；求思，有针对性；求巧，有趣味性；求准，有科学性。

2. 学：学导并用，问题探究

这个环节因课而异，多数情况下活动环节如下：

（1）学生借助问题或者导学案先自主学习。（教师的自学指导要做到四明确：明确时间、明确内容、明确方法、明确要求。）

（2）学生带着问题小组交流合作探究。

（3）呈现成果（有的是个人呈现、有的是小组呈现），锻炼学生的抽取、处理信息的能力以及概括能力——属于深度思维活动。

（4）其他同学补充、修正。这时，课堂是师生阅读、对话与倾听的地方，教师搭建质疑的平台，鼓励学生追根溯源，呈现不同观点，提出新的问题。这一环节教师不能急，要学会等待。

（5）教师归纳总结，确认成果。

这个环节是一节课的主体部分，也是最精彩的部分，设计的好坏决定一节课的成与败。教师必须在充分理解教材的基础上做到中心突出，主题鲜明，抓住重点。

如《人民解放军百万大军横渡长江》这篇课文，篇幅较短，一般只能用一个课时。短短的一课时之中，既要教课文本身的内容和形式，又要教新闻的一系列基础知识，时间紧、任务重。先讲新闻知识后讲课文吧，时间可能不够用；先讲课文后讲新闻知识吧，也不轻松。怎样教才能又好又快呢？特级教师宁鸿彬是这样设计的：

任务：读课文之后，请学生用三种方式表述课文内容。即：

第一，用一句或一个短语说出这则新闻的内容。

第二，用一小段话说出这则新闻的内容。

第三，用一大段话或几小段话说出这则新闻的内容。

作答时，两名学生不谋而合。用一句话或一个短语表述时，他们都用的是本文的课题；用一小段话表述时，他们都用的是课文的前两句话；用一大段话或几小段话表述时，他们都述说的是全文大意。而且，对这两名学生的回答，全班同学一致赞同，毫无异议。

教师明确：

用一句话或一个短语，最简洁、最鲜明地把所报道的内容告诉人们，这就是新闻的"标题"（板书：标题）。

用一小段话，简要概括所报道内容，在新闻的开头告诉人们，这就是新闻的"导语"（板书：导语）。

用一大段话或几小段话，具体地、翔实地把所报道的内容告诉人们，这就是新闻的"主体"（板书：主体）。

标题、导语和主体，通常是一则新闻必不可少的组成部分。

学生频频点头，顺利接受。

3. 练：精选精练，形式多样

中国传统教学中的"讲练结合"是最值得我们继承的经验。讲解之后的巩固练习是一个人掌握知识、形成技能，由懂到熟、由熟到巧的必由之路。没有训练就难有能力，没有训练就没有积累，没有训练就没有运用的过程。所以教师备课时要特别重视对习题的选择和训练的设计。

当前课堂训练大体上有七种状况：精讲精练、精讲多练、多讲多练、乱讲乱练、只讲不练、只练不讲、不讲不练。调查表明：精讲精练占 10%，多讲多练占 80%，乱讲乱练占 10%。而练习设计误区主要表现在：重讲轻练——挤占学生练习时间；重点轻面——练了少数，丢掉多数；重旧轻新——简单重复，机械操练；重量轻质——只顾数量，不讲质量。

怎样精心设计训练？功在课前，效在课上。课前勤一点，课上懒一点。一个聪明的教师一定在训练的习题选择和设计上下大气力。因为把习题训练设计好，将大大提高课堂效率。

好的课堂训练设计应该坚持六性：

（1）针对性。习题设计一定要紧扣教学目标、重难点。

（2）层次性。把习题设计成不同难度和不同类型的题，有一定的层次性，如基本题、综合型题、开放性题。

（3）典型性。习题设计不在于多，而在于精。习题要有典型性，练一题管一类。

（4）挑战性。部分习题要有深度，以供学有余力的学生挑战。

（5）趣味性。习题富有趣味性，不枯燥，学生才更有动力，更有收获。

（6）多样性。设计练习力戒单一化和简单重复，要从教学内容出发，根据训练目标设计多形式的练习题。简单地抄写和背诵作业，既乏味又容易使学生疲劳。如果把单调的刺激变成多种感官活动，让学生动脑、动手、动口，既能诱发学生的学习兴趣，又能提高学习效率。如数学把口算、笔算和珠算相结合，口答、作图和解趣题相结合，讨论、操作和实地实习相结合。

4. 测：学情反馈，达标补救

农民种地，春种为的是秋收，到了秋天他们会想方设法把一年的收成颗粒归仓。教师上课也有同样的道理，不能只管教，忽略教学的效果。这就需要设计"测"这个教学环节，先是学情反馈，而后达标补救，做到堂堂清。

特级教师徐利就很重视教学反馈这个环节：

讲解训练后，全体同学，尤其是那些成绩较弱的同学，是否都能够达成学习目标？这需要我们及时进行学习效果反馈，需注重以下三个方面：

（1）一个做法。教师通常是在一个学习小组内抽4名成绩较弱同学进行检测，采用"ABAB"型，即相邻的同学不做同一问题，通过他们的现场板演进行达标检验。

（2）两个重点。①重点学生。教师根据学生的数学基础，选取数学成绩相对较弱的部分同学分成两个组作为重点反馈对象，在楼道内的黑板上进行重点检测。这种做法，使数学待转化生每节课都在转化中，都在提高中。②重点问题。从展示的题目中选择两个有价值的题目（或编制两个典型的变式题目）进行重点问题反馈。

（3）三个目的。①达标测评。②帮扶。③集中点评。

目前这个环节问题很多，许多老师甚至忽略它的设计。

5. 结：系统归纳，巩固记忆

进得去，还要出得来。一节好课不仅要巧设导入，还应该处理好结尾。明代文学家谢榛说得好："起句当如爆竹，骤响易彻；结句当如撞钟，清音有余。"的确，一堂课如一乐曲，结尾好犹如曲终时留下袅袅不尽的余音。

结课是一节课的课尾处理，它的作用包括：归纳概括，让学生知识系统化；画龙点睛，让学生掌握重点；复习巩固，让学生强化记忆。结课设计的方法有很多，这里介绍几种常见的方法。

（1）总结概括式。有两种形式：第一种是教师对一堂课的内容，按教材的顺序或板书的布局，用精练的语言提纲挈领地做一次梳理，使知识条理概括化、系统化，以达到当场记忆巩固的目的。第二种是教师设计问题，让学生进行总结概括，梳理知识，以巩固学生的记忆。

（2）画龙点睛式。教师对本课的重难点做巧妙的点拨与提升。

（3）图形呈现式。新授之后，将知识点归纳小结，以图形的形式呈现给学生，让学生了解知识之间的联系。

（4）表格填写式。为了帮助学生理清思路、把握要点，教师设计出概括性的表格让学生去填写。

（5）作业练习式。教师抓住本课重难点和关键性的知识技能，设计读、讲、画、演、学具操作、辨析等综合性练习，让学生动口、动手、动脑，提高学生的作业技能技巧，并达到理性升华之目标。

（6）游戏表演式。运用电教手段，创造一个充满情趣的语言环境，让学生在游戏中学知识，长智慧。

（7）揭示规律式。教师指明规律，总结出思维顺序，促进学生有序思维的完善与发展。

结课设计应遵循以下几条原则：A. 紧扣目标。B. 选好角度。C. 简明扼要。D. 形式新颖。F. 板书配合。E. 把握时间。

6. 拓：拓展延伸，余味无穷

课已尽而余味无穷，这是拓展延伸设计的作用。课堂学习的时空是有限的，在整个学生发展和学科课程学习链条上是一个定点。我们需要从一节课辐射开去，有意把课内知识引向课外，或引向课外的阅读，或引向对动植物的研究，或引向对自然、地理的研究。

例如特级教师窦桂梅《圆明园》一课的结尾这样收束：

师：现在就要离开圆明园了。请闭上眼睛，课前出现的是废墟、是火焰，那么，在你的心中圆明园仅仅是废墟、是火焰吗？圆明园在你心中是什么形象？（学生思考后回答）

生：圆明园成了压在我民族心头的一块石头。

生：圆明园是我们头上永远抹不掉的耻辱。

生：圆明园成了中华民族的一块墓碑。

生：我认为是中国人民的警示牌。

生：是敲在我心中悠远的钟声……

师：圆明园的大火已熄灭，可是我们思考的脚步不能停止，有着5000年文明的中国为什么会被几千个强盗杀进京城？圆明园烧掉的究竟是什么？毁灭的究竟是什么？永远毁灭不了的是什么？

这个结尾尊重教材，又超越了教材。它给了学生更大的视觉和思维空间，引导他们走出圆明园，怀着更多的思考走向未来的人生。

拓展有多种形式，如发散式（激思）、回味式（激情）、延伸式（激趣）等。

教学过程的"导、学、练、测、结、拓"六个环节并非彼此孤立、机械僵化，教师可以根据教学内容和课堂教学实际需要灵活运用。如在多数情况下一节课需要体现六个环节的设计，而有些情况就只需体现四个或者五个环节。有些情况下"练"和"测"可以设计在一起，有些情况下"结"和"拓"可以设计在一起。

四、生态营造，让课堂民主有活力

怎样去营造民主、和谐、安全，富有激情、活力的生态课堂呢？谈这一点，不由得让人联想到老子"道法自然"的哲学思想。《道德经》有云："人法地，地法天，天法道，道法自然。"意思是"道"所反映出来的规律是"自然而然"的。"道法自然"告诉我们，任何事物都有一种天然的自然欲求，顺应了就会与外界和谐相处，违背了就会同外界产生抵触。学习"道法自然"，研究生态课堂，就是要使课堂回归自然，尊重学生成长的规律，尊重课堂教学的规律。

卢梭说过：教育必须顺着自然——也就是顺其天性而为，否则必然产生本性断伤的结果。著名数学家杨乐提到："我们对学生的期望太高、太急、太迫切，成才是一个很长的过程，是一个比较自然的过程。"生态课堂注重学生的和谐发展，没有盆景工艺式的缠扎，没有训技强化般的鞭打，以创新的教学方式造就学生张扬的个性、开放的思想、创新的品质。

一般来说，生态课堂强调的是以学生为主体、以人的发展为第一要务的教学情境，珍视"独立之精神，自由之思想"的教育氛围。从操作层面考虑，教师要努力营造民主、和谐、安全，富有激情、活力的教育氛围。

营造优良的生态课堂，要做好以下几件事：

1. 相信学生，让学生充满自信

不相信学生是营造生态课堂的重要障碍之一，认为学生基础、能力差，老师讲得口干舌燥他们还听不懂、学不会，如果让他们自主学习、合作探究肯定会更糟糕。其实，教师要解放思想，树立正确的学生观。我们给学生一个机会，他们会还我们一个惊喜。教师还要做到四看——看基础、看素质、看发展、看后劲，绝对不能因一时一事给学生贴标签。要相信每个孩子都有成功的愿望，都有成功的潜能，都可以取得多方面的成功。另外，我们还得有静待花开的耐心，克服急于求成的心理。出了问题，不抱怨学生，多从自身教法上找原因。

教师要学会宽容。宽容是处理师生关系的良好途径和方法，对于中小学生尤其适用，因为他们受到的批评和指责更多。全国著名教师魏书生说："学生的大脑忙着接受训斥和处罚的信息，也就无暇静下来裁判心灵中的旧我和新我的论战。"

2. 尊重学生，让课堂和谐安全

有位老师谈过这样一件事：

有一次上课，一位学生对我说："老师，我们喜欢你的笑容。"这位老师问为什么，她说："看到你笑，我们心情愉快，上课也带劲些！"

可见平等、民主、和谐的教学氛围，是生成良好教学的土壤和空气。师生之间的交往，不限于教与学，更有教师和学生的心灵交流。平等民主就如同架在师生心灵之间的桥，平等民主的程度越高，这座桥就越坚固、越宽阔，承载和通过的信息量就越大，师生之间的理解程度就越高，教学效果就越好。

要做到这一点，教师就要抛弃师道尊严的传统思想，放下架子，真诚、坦率地与学生平等对话。"大海航行靠舵手，学生必须按我的意愿走"的时代已经过去了。把学生视为天使，教师就生活在天堂；把学生视为魔鬼，教师就生活在地狱。教师要以"蹲下身子"的心态对待学生，少一点责备，多一些理解。

今天的课堂教学，要讲民主，要尊重不同孩子的声音。在课堂上，如果学生突然提出有争议的问题或者和自己"唱反调"，教师千万不能大发脾气或严厉批评，要勇于接受学生的"挑战"。对于有争议的问题，教师应该静下心来，把时间交给学生，让他们在你的指导下讨论、辨别、分析，自主寻找答案。如果是学生"唱反调"，教师要冷静，不要被愤怒冲昏头脑，要运用自己的教育智慧，因势利导，"化干戈为玉帛"，使教学在友好和谐的气氛中顺利进行。

只有建立民主、尊重、信任、平等、安全的师生关系，才能为学生营造安全和谐的学习氛围。为什么呢？因为人有两大类需求，一种是成长的需求，一种是安全的需求。当这两种需求相较取其一的时候，人们往往会首选后者，因为一个人只有在有安全感的时候，才会有探求未知世界的愿望。教师可以更多地给学生提供"团组式"的学习方式，孩子在团体当中互相学习，产生一种归属感，更有利于他们智慧的碰撞与思维的发散。

3. 激励学生，让学生充满正能量

（1）真诚地赞美。美国著名心理学家詹姆斯说："人类本性中最深的企图之一是期望被赞美、钦佩、尊重。"真诚的赞美能使人感到温暖。莎士比亚说："赞美是照在人心灵的阳光。"每个人都渴望赞美，中小学生对赞美的渴望更为强烈。教师要学会欣赏学生，由衷地赞美学生。学生在受到鼓励之后，情感得到有效的激发，身心处于积极的状态，学习的兴趣也会随之增加。

（2）教师不独霸评价权。教师要给学生评价的时间和机会。多数情况下先学生评，教师再做确认。如果学生没答好，教师也不宜冷淡对待，而应该有针对性地提出建议。如果学生被你的评价触动、激发，深度学习就发生了。

（3）教师要善于等待。教师的提问数量多，学生思考的机会少，一个问题刚提出，学生还没有充分地思考，教师就要求学生回答，学生回答稍有受阻，教师就急于公布答案，一堂课问题一个接一个，最终是该读的书没读透，该掌握的知识没掌握。通常，课堂的这两个时间点教师要等待：第一，教师提出问题后；第二，学生回答问题时。这两个时间点，教师不能急，等待是一种智慧。

第 6 章
备课的深化，上课的预演
——怎样有效说课

说课是备课的检验和深化，是教师的一项基本技能，每个教师在其职业生涯中都会接触到说课、都需要说课。作为青年教师，入职以后一定会经历各种规模的说课活动。它集备中说、说中评、评中研、研中学为一体，是优化教师的教学设计、教学实施和教学评价，提高教师教学能力的一种有效途径。

一、说课的诠释

什么是说课，尽管大家有着不同的说法，但总体的说法是相近的。通常，说课就是教师以语言为主要表述方式，在备课的基础上，面对同行、专家系统而概括地解说自己对具体课程的理解，阐述自己的教学观点，表述自己具体执教某课题的教学设想、方法、策略以及组织教学的理论依据等，然后由大家进行评说。说课活动是由解说和评说两部分组成的，评说则是针对解说进行评改交流研讨。

说课与上课的要求是不同的，上课主要解决教什么、怎么教，以及学什么、学多少、怎么学的问题。说课则不仅解决教什么、怎么教的问题，而且还要说出"为什么这样教"的问题，即这样进行设计的意图，这应该是说课的核心问题。另外说课与上课在目的、对象、形式、内容、评价上是有很大差异的。

差异项目	说　课	上　课
目的不同	提高教师的知识水平与教学能力	全面提高学生的整体素质
形式不同	执教者以教师为对象， 是面对教师的一项单边活动	执教者以学生为对象， 是面对学生的一种双边活动
内容不同	运用教材及相关教育科学理论	运用教材
评价不同	以教师的整体素质为评价标准	以学生的学习效果为评价标准

　　备课与说课既有联系又有区别，说课是备课后上课前一种特殊的、相对独立的、在教师之间进行的教研活动形式。说课是将备课研究的成果写成说课稿，通过语言媒介展示在同行、专家面前。

　　可见说课是介于备课和上课之间的一种教学研究活动，对于备课是一种深化和检查，能使备课理性化，对于上课是一种更为缜密的科学准备。

　　说课还经常被用在教师基本功竞赛、教师招聘、新教师上岗、教研组备课等教研活动中。通常，很少有孤立的说课教研，一般学校以系列化的教研活动为主。如开展备课、说课、上课、评课等系列化的教研活动，因为这样的教研活动环环相扣，层层深入，发挥的作用更大。根据每一次的任务不同，有不同类型的说课。

　　（1）研究型——以年级组、教研组为单位的集体备课。一人说，大家评、修改。

　　（2）专题型——从众多教学内容中选取专题，突出某一单项研究说课，把问题研究深一点。

　　（3）示范型——由优秀教师做示范性说课。

　　（4）评比型——指定教材开展说课竞赛。

　　（5）课后型——基于上完一节课的体悟，再一次说课。

二、说课的策略

　　由于说课并不是教师在课堂上具体实施教学，这必然给说课活动带来许多局限性，为此应该注意以下四个避免：

1. 避免空洞——纸上谈兵

对于课堂教学来说，每一招一式都应是实实在在的精心设计，而不能夸大其词和空谈理论，脱离学生和课堂实际的教学是不会成功的。说课应突出教学实践特征，充分展现真实教学情境下的教学素材、教学策略和学习活动。如有的教师的说课理论成分太多，旁征博引，对传统教学这也否定那也否定且提出很多新理念、新名词，听起来很新颖，赶时髦，但因脱离实际，不符合本课教材和学生实际，在课堂上根本实施不了。

2. 避免框框——追求规范

我们知道，一次良好的课堂教学，不可能按老师事先设计好的计划一成不变地进行，因为课堂是一个动态生成的过程。那么，说课中的教学设计也应是灵活的、变化的，是粗线条的，而不应是静止的、僵化的。

3. 避免求全——面面俱到

有的老师说课的本意没有放在如何说好内容上，而是放在说课形式上，为说课而说课，即不是根据教学需要去探挖教材，确定教学目标和教学重点，科学设计教学知识，而把说课的重心放在面面俱到地凑齐说课项目和文字。为说课而说课的做法舍本求末，自然使说课的作用大大降低。

4. 避免表演——花哨浮躁

作为说课者要将自己的教学设计，实事求是且朴朴实实地说给大家听，不能像参加演讲比赛那样拼演讲，更不能像演小品那样去拼表演。有些说课中的情境听起来很真切、很活泼，教师说得神乎其神，其实是华而不实、矫揉造作。

三、说课的内容

说课的内容是说课的基本要素。因为每次说课题目的类型不同，又因为每个教师有着不同的教学个性，说课的内容与形式也应有所不同，但就说课内容来讲，不管采用什么形式，总是离不开以下内容。

1. 说教材（对教材做出分析）

说明课标对本年级的要求，说明课时教学内容在节、单元、年级乃至整套教材中的地位、作用和意义，理清教材基本思路，同时说明本人在处理教材中有什么独到之处。

注意：在说教材中容易出现的问题是教师不能说出教材分析依据。一般只说出"依据新课标灵活运用教材的理念"，比较抽象、笼统，并没有具体指出依据课标对教材进行补充、删减、替代、整合等来确立教学内容，也没有指出这一教学内容与前后内容的逻辑联系。

2. 说学情（分析学生学习背景）

教师备课要吃透两头，一头是教材，另一头就是学生。你了解学生有多少，你的教学成功才有多少。这就像作战打仗一样，做到知己知彼，方能百战不殆。教师教学一定要"以学定教，顺学而导"，从学生已有的知识基础、生活经验、认知规律和心理特征出发设计教学，找准教学的起点，突出教学的重点，突破教学的难点，捕捉教学的生长点，直面学生的现实：学生遇到这个问题会怎么想，怎么做？学生的经验基础是什么？

注意：在说学情中，只有较少教师详细说明了根据学情和教材内容确立教学重难点，大部分教师只是提到学情和教材分析，并没有依据以往的教学事实或经验指出某项内容对学生来说比较抽象，难以理解和掌握，从而确立为教学难点。另外，有的教师不能有效结合学生的兴趣爱好以及实践和教学理论来分析学情。

3. 说目标（说明本课教学任务）

方法的困惑往往源于目标的迷失。具体到一节课，教学目标就是其灵魂，是教学的出发点和归宿。所以，备课时明确教学目标、抓准重难点是实现精准教学的保证。

教师备课制定教学目标的过程也是明确教学重难点的过程。重点是对教材而言，难点是对学生的认知而言。二者并不相同，在不同的课时里，有时重合，有时不重合。

注意：在说教学目标环节中，很多教师不能说出为什么这样确立教学目标。通常教师都能说出教学目标是依据教材内容，而不能说出依据学生的整体认知水平、已有的相应知识经验等学情，也不能按照课标的分级标准要求的内容来确立教学目标。

4. 说流程（说明教学过程和教学环节设计）

说教学流程是说课的核心部分，它是对一节课教学过程设计的说明。在说教学流程中应该说清这样几个问题：第一，本课准备设计几个教学环节，每个教学环节如何展开，如何操作，如导入怎样设计，新课如何进行，课尾怎样延伸和拓展等。第二，怎样突出教学重点、过程和细节的安排。第三，借助何种教学手段突破教学难点，实现预设的教学目标。第四，以上教学设计的理论依据是什么。在说流程中要处理好说实践与说理论的关系，要注意理论与实践结合，既要避免教学式的简单叙述，也要防止空泛的说理。说课之道关键是把握住"课"。

注意：教师说教学设计、教学过程时，容易出现主线环节不清晰、套用模板、脱离说课文本等问题。这些问题，有的属于教师基本功问题，有的属于教学经验或说课技巧问题，但都可以通过教师自身的反思以及教研活动中同行交流来解决。教师们在说课中有一个共性的问题并没有得到重视，那就是"为什么这样教"的问题。

5. 说板书

板书是一个微型教案，是一节课的框架、要点或题眼。在一般情况下教师在说课中都应将板书设计做一下解读，可以在说的过程中介绍，也可以在说课的最后集中介绍。

6. 说创新

有的老师说课之所以平淡无奇，是因为教学缺乏创新。一位语文老师说："同一篇文章讲了无数遍，真的感觉很乏味，但几十年就这么过来了，实在无奈得很。"还有许多教师教育理念听校长的，教学设计抄组长的，上课内容看教参，作业及答案全是练习册上的，而自己创新的东西却太少太少了，所以他们的说课既没有高潮，也没有精彩。教师要做到常教常新，必须有创新意识，在说课中可以从教法、学法、评价、资源的利用与开发等方面说明创新做法。

7. 说得失

说得失一般是在上完课以后，这是一种教学反思。它包括以下几个方面。

（1）成功之处：能够引导学生自主学习一些简单的基础知识，能够通过问题引发学生思考、讨论，并最终得出结论，有意识地培养学生论从史出、史论结合的思维方式。

（2）不足：拓展延伸少。课堂评语单一。

（3）解决办法：尽可能多地补充相关知识，扩展学生的知识面；学会捕捉学生在课堂中的闪光点，并加以鼓励。

四、说课的方法

教师要说好课，不仅要了解说课的内容，还要掌握说课的方法。说课的方法方面，教师应该着重了解和把握以下几个问题。

1. 说课流程

教师说课可分为下面几个步骤：接受任务—课题选择—备课钻研—撰写讲稿—登台说课—说后评议。

教师备课，通常每一个课时都需要编写教案，但是每一个课时不一定都要说课，这就有一个如何选择的问题。说课的选择要注意两点：一是注意课的代表性、针对性、典型性，即选择那些有研究价值，自己又能驾驭的课。二是选课要注意突出重点，避免面面俱到，四面出击。既可以说某课的整体教学，也可以着重说某一课时的教学，甚至还可以说某一重点、难点的教学，一言以蔽之，说课要尽可能突破一点，才会有所收获，面面俱到反而会收效甚微。

2. 说课要求

因为每次说课的目的、范围、规模不同，其要求也不同，一般在校内、教研组内的说课要求比较低一些，规模也小一些。而县区、省市的各种说课竞赛活动一般要求都比较高。要想掌握说课的方法，首先要了解说课的一些要求和常规。下面是北京市朝阳区《首届"朝阳杯"教学基本功全员培训展示活动项目操作指南》中关于"说课项目"的要求：

1. 流程

（1）教师提前一周上报说课内容的类型，可自主选择单篇教学说课或是单元教学说课。

（2）教师提前 3 天抽签决定篇目或单元（章节），然后独立备课。

（3）提交说课文稿。

（4）现场 15 分钟说课展示。

2. 要求

说课应突出教学实践特征，充分展现真实教学情境下的教学素材、教学策略和学习活动，可采取叙事的方式，也可采用表格的方式。下面的表格仅供参考，可根据实际情况进行调整。

教学基本信息							
课　题							
学　科		学　段			年　级		
相关领域							
教　材	书名：			出版社：			
姓　名			学　校				

指导思想与理论依据

教学背景分析

教学内容：

学生情况：

教学方式：

教学手段：

技术准备：

教学目标（内容框架）

问题框架（可选项）

教学流程示意（可选项）

教学过程（文字描述，供选）

教学过程（表格描述，供选）					
教学阶段	教师活动	学生活动	设置意图	技术应用	时间安排

教学板书

教学特色

3. 说课展示

说课展示的精彩不仅依靠说课稿写得好，PPT 课件做得好，还要看教师现场展示的表达。说课稿写得好，PPT 课件做得好，但是展示表述得不好，也会影响说课效果。所以教师要把课说好还要做表达方面的修炼。

说课常见问题与改进建议：

（1）变说课为讲课。这是非常普遍的问题。一些老师把该给学生讲的内容对评委说了出来，显得很生硬，不协调。说课不是备课，不能按教案来说课。要把评委老师当成平时集体备课时的同事，以聊天和交流的口吻说，语气上也就不要太过拘谨和严肃。如："我认为这节课应该先给学生们讲讲……的问题，这样学生接受起来能更轻松一些。"

（2）变说课为念课。在一次说课活动中，19 位说课老师至少有 4 位基本是念讲稿，给评委老师的感觉是在作报告。在只有 45 分钟的备课时间里，写出一篇够念 10 分钟的讲稿，确实不易，但说课重在说，而不是"念"。建议不要写讲稿，可以列体系，或写要点，照着要点说，也不必追求面面俱到，最关键的得分因素还是说课者留给评委老师的整体印象，多在表达流畅、仪表大方、精炼生动等方面下功夫。

（3）变说课为背课。这是一些老师常出现的问题，不敢看讲稿，而是凭自己的记忆背诵，不但很不流利，而且中途因为紧张几次卡壳。说课不是背课。一节成功的说课，一定是遵循自己的教学设计思路，有重点、有层次、有理有据、口齿清楚。说课者要尽量脱稿，草稿充其量只能是个"演说"提纲，要增加肢体语言，声情并茂地说课，尽量争取把听者的注意力、思维引入到自己的预设中去，使听者受到感染，引起共鸣。

（4）平淡缺少亮点。在许多老师的说课中，几乎找不出亮点，也没有高潮，大家都在同一个水平上，很难拉开距离。教学是一门艺术，说课当然也是一门艺术。艺术的价值在于创新，没有创新，就没有生命力。教师要注意发挥自身的教学个性和创新精神，防止生搬硬套书本上的内容，要突破程式化的局限。说课的内容大致包括了前述几个方面，但又不是凝固不变的。从结构到语句，不应僵化，以致形成程式化的框框。行文在准确的基础上，可以生动活泼点，要连贯自然。

（5）语言生硬不规范。有的老师说课语言生硬，照本宣科，缺乏自然、平和和亲切感，有的老师说课夹杂口头语。如在不足10分钟的时间里，有一位老师说了七八十个"那么"，另一个老师则不断说"然后"。所以，老师应该在平日教学中狠抓语言的基本功训练，说课时要普通话准确，语言规范，生动流畅，富于情感，"说课"是说不是读，不要照本宣科，要口语化，声音要自然，语速要适度，语言抑扬顿挫有变化，感觉要兴奋，手势宜大气。

（6）说课不要超时。说课的时间一般在15分钟之内。不宜太长，也不宜太短。

（7）说课时要做到，衣着整洁、形象动人、举止端庄、仪态自然。

（8）说课时要自信，富有激情和个性。说的过程中拿出最好的状态，最好神采飞扬、激情澎湃，能够感染听众。同时要针对自身扬长避短，体现个性。

4.PPT 课件

使用 PPT 进行说课，通常比没有使用 PPT 讲得更加形象具体，使说课的内容能够一目了然地展现在我们的面前。但是也有个别老师在使用PPT时未能达到预期的效果，反而使内容变得繁琐冗长，没有起到PPT应有的作用。这就需要提高PPT的设计制作水平。

一份有质量的PPT有这样几个标志：

（1）言简意赅——处理好繁与精的关系。

（2）突出中心——处理好详与略的关系。

（3）层次分明——处理好主与从的关系。

（4）图文并茂——处理好图与文的关系。

说课的能力离不开自己平时长期的锻炼，不是一朝一夕就能形成的。不过，我们相信经历锻炼之后就会成长，慢慢地提高自己的水平，多多地锻炼自己，相信在不久的将来你一定能从容应对各种考验！

附：

《我的叔叔于勒》说课稿

北京八十中雄安校区薛艳玲

尊敬的各位专家、各位老师：

大家好！今天我说课的课文是部编版九年级上册第四单元的《我的叔叔于勒》，我将从七个方面进行说课：说教材、说学情、说目标、说流程、说板书、说创新、说得失。

一、说教材

1. 教材简介

《我的叔叔于勒》是法国作家莫泊桑的短篇小说代表作之一。小说通过描述菲利普夫妇对其亲兄弟于勒的前后态度变化，尖锐地指出了金钱左右着人与人之间的关系，即使是亲兄弟也不例外。作品主题深刻，发人深省。

2. 该课的地位和作用

《我的叔叔于勒》是初中语文的传统篇目，在部编版教材中是九年级上册第四单元的第二篇课文。

这个单元的主要教学任务有：

（1）分析小说要素，把握小说主题。

在教学《故乡》时，我主要侧重于分析人物形象，把握主要情节，以及探究作品主题。教学《我的叔叔于勒》，我认为，除继续学习小说要素外，应把教学重点放在多元理解作品主题、尊重学生个性化阅读和揣摩对比写法上，也为下一课《孤独之旅》的学习打下基础。

（2）理解作品和作者的写作意图，并能提出自己的见解。

莫泊桑的这篇小说，情节波澜起伏，张弛有节；人物寥寥，却个性鲜明；立意深刻，语言简洁明快而富于个性化。这得益于作品生动逼真而又幽默风趣的细节描写，轻浅素淡之中有辛辣讽刺的语言特色，以及寓新颖于平淡自然之中的表现手法。

（3）揣摩小说的写法。

小说描写菲利普一家朝思暮想他们在国外发了财的叔叔回到家来，可是他们竟然意外地发现于勒叔叔不过是一个贫穷落魄的小贩时，竟然拒绝和他相认。作者通过对人物性格细腻的刻画，对人物内心活动深刻的揭示，鞭挞了假丑恶，彰显了人性的真善美，这样的作品，能给人以启发，耐人寻味，也能引发学生对自然、社会、人生的思考。

3. 课标要求

新课标主张中学语文教学应致力于使全体学生获得基本的语文素养，丰富语言积累，学会运用多种表达方式，初步理解、鉴赏文学作品。初中小说的教学，要以培养兴趣为主，让学生对作品有自己的情感体验，初步领悟作品的内涵，从中获得对自然、社会、人生的有益启示；重视提高学生的品德修养和审美，使他们逐步形成良好的个性和健全的人格，促进学生多种素质的和谐发展。

二、说学情

学生是学习的主体，本课应指导学生利用已有知识结构和认知水平，学习、感悟新知识。

知识储备：经过前两年的学习，学生对小说这种文学体裁有了初步的认识，对小说的概念、小说的分类以及小说的三要素——人物、情节、环境等相关知识都有了初步的认知。

心理特点：初中学生对学习小说大都有较浓厚的兴趣，他们很关注小说情节的发展、人物的命运。这有利于调动广大同学阅读的积极性、主动性。

能力水平：九年级学生已具备初步鉴赏小说的能力，但是对于刻画人物的语言的解读相对薄弱，对于小说主题的理解较困难，特别是我所授课的班级学生素质参差不齐，一部分学生底子薄、基础差，需要重点引导。

三、说目标

新课标主张中学语文应全面提高学生的语文素养，丰富语言积累，使学会运用多种阅读方法，初步理解、鉴赏文学作品，而本篇课文作为小说是通过人物描写来传递作者的思想以及写作意图的。因此，我认为在教学过程中，应以人物为中心，在情节发展的动态中分析人物，由点及面，先分析人物性格，再通过解题来揭示小说主题。结合本单元的要求，以及本文的特点，我确定的教学目标、重难点、核心素养如下：

1. 教学目标

（1）知识目标：理清文章故事情节，学习本文巧妙的构思及情节的一波三折；多角度分析人物描写，揣摩人物性格，把握文章的主题。

（2）能力目标：学习通过人物语言、动作、神态，揭示人物的心理活动，刻画人物性格的写作方法。

（3）情感目标：思考人与人之间的关系，树立正确的金钱观。

2. 重难点

（1）教学重点：学习多角度刻画人物形象，展现人物内心世界的方法。

（2）教学难点：把握文章的主题，启发与鼓励学生发表独特的见解。

3. 核心素养

（1）语言的建构与运用：默读课文，整体感知文章内容，积累丰富的描写人物的语言，让学生学以致用。

（2）思维发展与提升：学习从多角度刻画人物形象，以展现人物内心世界的方法；把握文章的主题，启发与鼓励学生发表独特的见解。

（3）审美鉴赏与创造：欣赏文学作品，能够理解文学形象，能有自己的情感体验，思考人与人之间的关系，树立正确的金钱观。

四、说流程

为了让教法和学法得以充分运用，达成教学目标，突出重点，突破难点，本课课堂教学拟两课时完成。第一课时：了解作者，积累词汇，扫清阅读障碍；跳读课文，感知内容及故事情节。第二课时：通过对人物的行动、语言、心理描写的学习，掌握塑造刻画人物形象的写作手法；抓住关键，领悟主题。

第一课时

1. 情境导入，明确目标（3分钟左右）

对于金钱，有这样的说法：

罗兰：凡事若在金钱利益上着眼，就难免在人情道义上有几分刻薄。

三毛：世上的喜剧不需要金钱就能产生，世上的悲剧大半和金钱脱不了关系。

《增广贤文》：贫居闹市无人问，富在深山有远亲。

那么，如果把金钱和亲情放在一架天平上，到底孰轻孰重呢？今天，我们将走进法国作家莫泊桑的作品《我的叔叔于勒》，去体会金钱影响下的人情冷暖。由此导入新课，并出示本课的教学目标。

（设计意图：我采用名人名作对金钱的看法以及天平的直观形象，使学生从理性上和形象上首先对金钱和亲情的衡量有一个认识，能够激发学生的好奇心、求知欲，激荡出学生内心的道德矛盾，有利于学生酝酿感情，进入小说的情境中去。）

2. 检查预习，轻松热身（8分钟左右）

首先检查学生对生字词的掌握情况，现在到了初中，但对生字词的了解，仍然是最基础的，接着复习小说相关的文学常识，最后让学生复述课文，在复述中加深对课文的整体感知，培养学生的口语表达能力。

3. 初读课文，理清情节（34分钟左右）

苏霍姆林斯基说过："在人的心灵深处，都有一种需求，那就是希望自己是一个发现者、研究者、探索者。"学生的这种需要尤其强烈。

在这一环节，我有意识地设计了两个具有探究性的问题，让学生带着问题，去读课文，在发现、研究、探索的过程中既完成了对课文内容的整体感知，又满足了自己心理的需求。

（1）请同学们用自己喜欢的方式朗读课文。可默读，可表演读，也可小组分角色朗读小说高潮即"遇于勒"的情节。说说菲利普夫妇对于勒是怎么称呼的？为什么前后不同？

（2）菲利普夫妇对于勒的态度又是怎样变化的？请按时间顺序说。教师指导学生朗读、合作、交流。

（设计意图：我这样设计，是想以此为切入口，因为菲利普一家对于勒发迹和落魄的不同反应，是作品的主要内容和情节，也最能显示人物的思想性格，抓住这一点引导学生阅读、分析和讨论，不仅有利于学生正确把握主题，而且有助于学生对人物形象、情节结构乃至语言文字的全方位理解。进行整体感悟和整体把握，避免了肢解作品的弊端，这也是学习小说的基本步骤之一：理情节。）

作业：读课文，勾画文中人物描写的句子，试分析人物形象。

第二课时

1. 分析形象，学习写法（25分钟左右）

人物形象分析是小说学习的一个重点，在这一环节，我没有眉毛胡子一把抓，而是从三个层面、通过三个问题带领学生在自主合作的基础上完成了对重点人物的形象分析。

（1）出示思考题：

读了本文之后，你喜欢谁，讨厌谁？引发学生对小说人物的分析。（这是小说教学的另一主要程序：理形象。）

学生的回答是喜欢若瑟夫，讨厌菲利普夫妇。

（2）分析若瑟夫的形象，他为什么会给你以好感？

通过讨论，大家认为若瑟夫具有同情心（能资助落难中的叔叔，给他小费，用富有同情心的眼光来看待于勒）和正义感（通过他内心对于勒的称呼——"这是我的叔叔，父亲的弟弟，我的亲叔叔"，表达他对父母狠心不认于勒的不解与不满）。

（3）分析菲利普夫妇的形象，他们为什么会引发大家的反感？

学生根据菲利普夫妇对待于勒在不同经济状况下的言行，认为他们具有爱慕虚荣、冷酷自私、贪婪、唯利是图的特点，令人不能接受。

（设计意图：以上教学都是通过学生自主讨论、合作探究、质疑问难的方式在文本中找到具体的言行来证明完成的，从而引导学生明确神情、语言、动作描写是小说塑造人物的主要方法。）

2.抓住关键，领悟主题（15分钟左右）

（1）通过以上环节，大家都表明了对菲利普夫妇的态度，认为他们应该遭到批判，我也同意，可是我想，假如自己是菲利普夫妇，是不是会甘心承受大家对他们的指责呢？

（2）小组自由讨论，认真研读文本，站在菲利普夫妇的立场，替他们做出申诉。

（设计意图：这两步主要是为了引导学生联系文化背景做出自己的评价，培养学生的创造性，发扬个性，进行多角度的、有创意的阅读。）

（3）小组交流发言，替菲利普夫妇做出申诉。

学生通过查寻文本，可能从以下三个方面为菲利普夫妇做出申诉：

其一，人品原因。因为于勒这个人不思悔改，在法国挥霍了大量的资产，在美洲发财后又游手好闲"出去旅游了几年"，因此才会被人认为会拖累别人——难保于勒江山易改，本性难移。

其二，家庭经济原因。"并不有钱的人家，也就刚刚够生活罢了"，"我母亲对我们拮据生活非常痛苦，那时家里样样都要节省，有人请吃饭是从来不去的，……买日用品也是常常买减价的，买拍卖的底货；姐姐的长袍是自己做的，买15个铜子一米的花边，常常要在价钱上计较半天"——家穷，泥菩萨过河，自身难保。

其三，社会使然。整个社会充斥着金钱至上的风气。佐证之一是二女婿下定决心求婚是因为看了于勒给菲利普的信——要金钱不要爱情。佐证之二是船长对落魄后的于勒的评价："法国老流氓"——没金钱就没地位。

综上原因，所以学生认为菲利普夫妇忍心不认，也情有可原。

（4）教师引导，启发明确，引向主旨。

新课标指出对学生语文学习的日常表现，应以表扬、鼓励等积极的评价为主，采用激励性的评语，从正面加以引导。因此对于学生的回答，我不是一味地否定，而是恰当地运用评价手段，激励学生的学习热情，使学生始终保持积极的精神状态。在此基础上进一步引导学生：对于菲利普夫妇的评价，光是一味地批判应该说是不公平的，他们形成这种爱慕虚荣、冷酷自私、贪婪、唯利是图的性格，也有其社会原因，从而揭示了"资本主义社会人与人之间赤裸裸的金钱关系"。这样一来，学生就进一步理解把握了本文的主题，完成了小说教学的第三个步骤：明主题。

（设计意图：有条理的辩论中，学生对文本的理解更透彻了，对主题的把握更全面了，本课教学的难点得以突破，同时，口头表达能力得到锻炼，也尊重了学生对作品的个性化阅读。）

3.联系实际，在文本体验中获得启发（5分钟左右）

问题设计：在上面的辩论中，我们对菲利普夫妇的认识更全面了。他们都生活在资本主义社会，那么，现实生活中有菲利普夫妇这样的人吗？你家有于勒这样生活困顿的亲戚吗？你的身边有需要帮助的人吗？你是怎么对待他们的？（多媒体出示问题）

设计意图：这一组问题很能激发学生的兴趣，设计的目的在于教学生学会思考，敢于发表自己的见解，引导学生树立正确的金钱观，不要被现实的金钱关系所异化，不要失去对人的真诚的爱心和同情。这样，对学生的德育教育目的就达到了。

4.作业布置：改写文本，深化迁移（1分钟左右）

假如菲利普夫妇在游轮上巧遇的是个发了大财的于勒，他们的言行会是怎样的？请设想一下，写成200字左右的短文。

（设计意图：学生在完成情节把握、人物分析、主题理解之后，再进一步就是把握小说的语言，抓住小说写人的手法，利用改写，既可以迁移训练学生的写作能力，又能进一步加深对小说的主题的理解，在情感体验中潜移默化地对学生进行道德熏陶。）

五、说板书

本着简洁明了、重点突出的原则，我设计的本课的板书如下：板书的中间是一枚铜钱，明确菲利普夫妇对于勒的态度变化（随于勒的经济情况而变化，不变的是菲利普夫妇的金钱观念），直观形象地概括他们金钱至上、从钱眼里看人的特点，两边是一副对联"十年思盼，天涯咫尺，同胞好似摇钱树；一朝相逢，咫尺天涯，骨肉恰如陌路人"，横批"金钱至上"，简洁地概括本文主题。

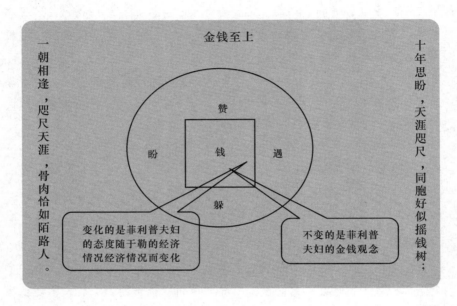

这个板书设计的特点是：结构清晰，语言简洁，内涵丰富，对课堂上所学内容起到"提纲挈领""画龙点睛"的作用，使学生获得鲜明的印象和有关的知识，更好地把握重难点。

六、说创新

这篇小说的教学，应以人物为中心，在曲折的情节发展中把握人物形象，进而领会作品的丰富内涵。力求充分发挥学生的主动性，并联系实际对作品的主题多元化评价，提高学生的道德水平。

1. 教法

新课标要求全面提高学生的语文素养，注重"知识与能力、过程与方法、情感态度与价值观"的三维目标。新课标对阅读教学的要求是：学生具有独立阅读能力，注重情感体验，学会运用多种阅读方法；能初步理解、鉴赏文学作品，发展个性。初中小说的教学，应注重学生个性化的体验及良好个性和健全人格的形成。阅读教学的过程是学生倾心阅读，获得个性体验和独特感受的过程，是教师引导学生不断实现自我构建，学会阅读，促进表达的过程。

为此我在教学过程中突出了以下指导思想：体验感受、对话交流、探究思考、读写结合。主要采用了以下教法：

（1）主问题引探法：读了本文，你觉得能给你好感的人是谁？令你反感的人是谁？为什么？（此环节是通过让学生讨论，在文本中找到具体的言行来证明完成的，从而引导学生明确小说塑造人物的主要方法。）

（2）朗读探究法。

本文是一篇短篇小说，了解小说的三要素，理清故事情节是学习课文的基础，因此在课堂上给时间让学生自主阅读，重点段落分角色朗读，加深学生对人物的印象，教会学生阅读小说的方法，提高学生的整体素质。

在研究新课标时，我体会到："教学过程应当突出学生的实践活动，指导学生主动地获取知识，科学地训练，全面提高语文能力。"学生是课堂的主体，因此我遵循"教师为主导，学生为主体，质疑为主线"的教学思路进行学法的指导，尤其是探讨人物形象和小说主人公的环节，采用了小组讨论的方法。在指导过程中，先调动学生参与课堂学习的积极性，然后根据紧扣教学的问题，使学生自主地发现、思考、分析、讨论，从而解决问题，并尊重学生个性，使他们在教师的指导下围绕中心议题发表各自的意见。

（3）抓住重点词句品读感悟法。

同时将创设情境法、指导自学法、多媒体教学法等作为辅助教法。

2. 学法

初中学生对学习小说大都有较浓厚的兴趣，他们很关注小说情节的发展、人物的命运。这有利于调动广大同学阅读的积极性、主动性。不过，他们在刻画人物的语言的解读上相对薄弱，特别是我所授课的班级学生素质参差不齐，一部分学生底子薄，基础差。因此，在阅读过程中，我不仅让学生去充分感知语言教材，而且主要运用了以下学法，让学生自己读课文，自己去品味、感悟，达到教是为了不教的目的。

（1）朗读法：这篇小说人物形象鲜明生动，语言幽默，因此，适宜指导学生在整体把握的基础上，分角色朗读，也可以边读边想象人物表情，以体会人物语言、动作等是如何揭示其心理活动和性格的。

（2）比较法：于勒三次变化的身世，菲利普夫妇对于勒前后迥异的态度变化，以及文中叙事主体"我"与家人对于勒不同态度的对比，都值得玩味。学生在对比分析中可深入理解人物及主题，并感受文学艺术的美。

（3）辩论法：引导学生对人物形象多角度分析与把握，围绕文本内容进行辩论，在辩论中探究作品主题，锻炼口头表达能力。

（4）自主讨论法：引导学生主动质疑，合作探究解疑。指导其联系实际，说出自己对作品的个性化体验及对自然、社会、人生的思考。

3. 评价

本课具体的评价：

（1）采用积分制的评价方式。

（2）教师对学生的回答及时鼓励、点评和补充。

4. 资源开发与利用

文字资源：教材、导学案。

人力资源：教师、学生。

实践活动资源：学生的学习活动。

信息化资源：多媒体课件。

七、说得失

1. 思效

授课结束，反思这堂课，效率是很高的，完成了既定的教学目标，课堂氛围活跃，调动了学生学习小说的兴趣。听课教师反映此课教学"接地气"，有语文味，一直紧扣文本，教出了小说的特点。

2. 思得

本节课学生自由讨论，充分发挥自身的潜能，是一节超出原先设计的课。课堂上学生们一个个精彩的发言出乎我的意料，让我惊喜不已，我看到了学生的潜能如花绽放，看到了学生的思维激情点燃，我在课后不由得对我周围的老师说："这些学生让我崇拜！"作为一名教师，我想这就是最大的幸福。

因此，作为一名语文教师在备课时应该充分研究教材，挖掘教材，对教学参考资料应当有自己的观点，对所谓的"定论"也不要人云亦云。如果我们停留在前人的见解上裹足不前，不敢怀疑，不想超越，学习还有什么意义？面对语文课堂，一定要尊重学生的个性化阅读，珍惜学生独特的感受、体验和理解。教师要更多地关注"你是怎么理解的""说说你的理由""谈谈你的看法"等，激发学生质疑和敢于表达自己不同见解的勇气，从而使学生的生活体验、独特感受在教学中受到充分的尊重，有"合理合法"的地位。本节课正是充分地尊重了学生的阅读体验，激发了学生敢于说"不"的勇气，才让学生的思维火花绚丽绽放。

3. 思失

"课堂教学是一门遗憾的艺术"，再完美的教学设计也无法杜绝"意外"的出现。我对教学时间估计错误，学生小组讨论和自由发言的时间过长，拖延了下课时间，造成了教学结尾部分草草收场，造成了遗憾。

4. 思改

教师要"无限相信学生的潜能"。在教学中，教师不能把学生当作"知识的容器"，而应把学生看作是具有独立人格、具备一定的学习能力、能够自主发展的学习主体。

那么，如何才能让课堂焕发生命的活力？如何才能点燃学生的思维火花？学生的思维的"火"与"光"来自何处？我想：应该从疑问处来。教师要善于引导学生去发现学习中的疑问，不放过一切可疑之处，敢于质疑。朱熹说："读书无疑者，须教有疑。"宁鸿彬老师要求学生"三不迷信"（不迷信古人、不迷信名家、不迷信老师），对学生要"三欢迎"（欢迎上课随时质疑、欢迎发表与教材不同的意见、欢迎提出与老师不同的观点），正是要培养学生的求疑精神。通过对疑问的讨论研究，最终获得提高，"有疑者却要无疑，则此方是长进"。

第7章
三分教学，七分管理
——优化课堂组织管理

　　青年教师工作之初，常遇到的一个棘手问题是如何组织课堂纪律。许多教师备课很用心，上课准备得很充分，可是课上着上着就乱了：一会儿这边的学生思想开小差搞小动作，一会儿那边的学生故意大笑，一会儿这边的两个学生嘀嘀咕咕吵起来，一会儿那边的学生下地走动……真是摁下葫芦，起来瓢。

　　所以教师备课不仅要备课标、教材，还要备学生和课堂管理，否则课是上不好的。果姝是辽宁省名师、优秀班主任，在一次新教师培训中，她讲了自己的成长经历。

我怎样从黔驴技穷中走出来
辽宁省本溪县高级中学果姝

　　初为人师，在课堂管理方面有一段刻骨铭心的失败经历。我刚进班上课的时候，根本压不住堂，学生们只追求乐呵，不拿你当回事。教室里像赶集。他们班有本班务日记，我有一回在上面写道："班主任啊，上课乱，上课乱，上课乱！"有一天，班主任王晓东就问我："你说我们班学生上课乱，怎样个乱法？"我说："没有人听课，都在闲扯。"王老师说："上课乱，学生有问题，但教师是管学生的，教师也是有责任的。"

　　他的话我似懂非懂，但我回过头想，我上课乱，别人上课乱不乱呢？

于是我开始搞调查。听王晓东的历史课，奇怪了，学生在王老师的课上，个个全神贯注，聚精会神。这时我想，班主任嘛，天天管着他们，学生注意力能不集中吗？而后，我又去听刘老师的语文课。课堂纪律同样非常的好。我又听了这个班其他老师的课，纪律都不错。这时，我终于服了，就是我上课乱，问题出在我身上。

我开始反思，根子在哪里？谜团的解开源于一次矛盾的爆发。教高二那年，我29岁，结婚怀孕了，但我还是坚持上课。一天晚导课，前面一个学生给后面的同学传一个纸包（里面包着钱）。我没让传："上课不准传，有什么事下课再说。"那个学生猛地站起来，眼里冒着火，把纸包狠狠地扔到后面。我批评他，他不但不承认错误，反而拧着脖子反驳说："你不让我传，还不让我扔吗？"这下可把我气蒙了，怨气全都涌到了头顶。我坐在讲台前，大哭起来：唉，我都怀孕了，还给你们上课。你们不但不感恩，还气我。我把书一扔，甩了一句"我不教了！"，就回到了宿舍。那个学生也跟了过来。

我先生当时正在宿舍等我，看我大哭着跑回来，不知道发生了什么事。那个学生解释道："老师，我不是故意气你，因为你不让我传，我才扔的。"我先生知道怎么一回事了，就劝我："你现在特殊情况，不该和学生生这么大的气。"那个学生反应很快，忙说："老师，你怀孕啦？"我先生说："是。"

这个学生立马跑回班级，像得到头条新闻一样大声喊："老师怀孕了！"教室里很快乱成一团。学生们不关心被气哭了的老师，也压根没有把我怀孕这事当回事，反而像听到什么八卦消息一样议论纷纷。

回到家里，心情平静下来，我就考虑今后怎么办。先生说："以后这样上课肯定不行。你总怨学生，可你想过没有，为什么学生会在你的课堂上传纸条？那是因为学生根本没把你当回事。你课堂讲授肯定不成功，不然学生能不守纪律吗？"

那一晚上我辗转难眠，凄凉像涨潮的海水一样漫过来，似乎要将我淹没了。我一直在检讨自己：唉，我为什么这么无能？学生为什么不听？我上课为什么纪律这么糟糕？我的结论是：教学不吸引人，他们不爱听，纪律自然不好。如果学生爱听你的课，他就不会干别的。我反思：如果把课备好，用学生喜欢的方式上，课堂纪律肯定会好。注意力不应放在如何控制学生行为上，而要放在教师自己身上：我教什么，用什么方法去教。

问题症结找到了，我开始了艰难的改变之旅。首先是认认真真地深度备课，研究课标和教材。这时教学追求的不是让学生获得浅层次的乐呵，而是知识的精准、教学的效率。其次，我开始以精神饱满和幽默风格来影响激励学生，并设法建立民主和谐安全的课堂气氛。第三，改变教学方法。过去我只是一味地讲，学生只能被动地听。我累得够呛，学生还没事干。我改变了过去的注入式教学，少讲多学，学为主体。另外，我发现我讲课比较慢，优秀生吃不饱，中等生没事干，便加快了教学进度。当然也不能太快，注意把握一定节奏。

当然，课无论上得多么好，总会有极个别的学生思想溜号。我一般不停下来去批评，而是个别提醒。如边讲课边走到他桌旁，或拍一拍、点一点，或者用眼睛瞅他，尽可能不在课堂上和学生发生正面冲突。

总之，教师在课堂上不能总发火，那样学生会厌烦，时间长了也就见怪不怪，不再重视——你生你的气，他看他的戏。但是教师也不能不发火，一定让学生感觉到，教师是真生气了。他们存了敬畏之心，行为上才可能改变。当然，教师要学会调整，表面上怒气冲冲，其实内心波澜不惊。因为如果总是真生气，我们身体受不了，会慢慢被怒火烧成灰烬的。

通过一段时间的努力，我的课堂管理终于从黔驴技穷中走出来，课堂纪律越来越好，教学成绩也越来越优异。

从果姝的经历和体会中可以清楚地看到课堂管理是十分重要的。青年教师工作初期，常常是备课时兴致勃勃，可是走进教室，课上着上着就乱了，结果良好的上课情绪全无，本来准备了10分，连3分都没有发挥出来。

三分教，七分管。教师要上好课，不仅要会讲，还要会组织管理，如果不会组织管理学生的课堂纪律是上不好课的。教师要研究课堂管理，学会驾驭课堂。一个嘈杂的空间和一个安静的空间哪个更能让人思考？毋庸置疑，当然是后者！40 分钟时间里让孩子安静地坐着，竖起耳朵，睁大眼睛，手中握笔算一算，听一听……这样学起来更快，更好。

另外，为什么许多教师该教的似乎也都教了，他的学生该学的似乎也都学了，可是成绩并不是很好？除了教学方法问题，不能不说与教学管理有密切的关系。质量是教出来的，是学出来的，更是管出来的。有些教师课堂的失败，有一多半是跌在课堂教学管理上。

有人研究，如果仅仅依靠成员的自身努力，一般的情况下发挥才能的预期值约占实际能力的 60%，而成功的管理可使成员的能力提高 40% 左右。特级教师张富说：我们要提高班级教学效率，就必须通过管理，组织学生积极参与，避免出现置身于活动之外的"干坐生"；通过管理，检查学生的学习任务完成情况，改变得过且过的"应付生"；通过管理，及时帮助有学习困难的人，减少跟不上班的"掉队生"。一句话，通过管理，把教学要求落实到每个学生身上。

那么，教师怎样组织管理，驾驭课堂呢？

一、深度备课，用好课吸引学生

组织课堂纪律最好的方法是认真备课，用好课吸引学生。苏联教育家马卡连柯说过："假如你的工作、学问和成绩都非常出色，那你尽管放心：他们全会站在你这一边，决不会背弃你。相反地，不论你是多么亲切，你的话说得多么动听，态度多么和蔼，不论你在日常生活中和休息的时候是多么可爱，假如你的工作总是一事无成，总是失败，假如处处都可以看出你不通业务，假如你做出来的成绩都是废品和'一场空'，——那么除了蔑视之外，你永远不配得到什么。"

有这样一个真实的故事：

凯斯道森是个新教师，讲授社会课时，为了让学生守规矩，几乎用尽了一切办法。无论是制定学生的行为量化表格，还是让学生写纪律保证书，无论是威胁、惩罚还是哄骗，能够想到的都试过了，结果却令他失望。后来，凯斯道森发现，每当他采用学生喜欢的方式讲授学生喜欢的内容时，孩子们总能够集中精力听课，维持课堂纪律也就变得十分轻松。就这样，凯斯道森不再把大量的时间和精力花在学生的行为控制上，而是把注意力转向自身：我在教什么？我用的是什么方法？在我用这些方法教哪些内容时学生没有表现出烦躁不安？有一次讲授民权运动，凯斯道森决定不再像过去那样按部就班地讲授单调乏味且远离学生生活的课本内容，而是让学生自己编写一个关于民权运动的小剧本，他和学生扮演其中的角色，师生都全身心投入进去了，几乎没有在维持课堂纪律上花费任何时间。

（选自"百度文库"）

由此我们思考：怎样使学生遵守课堂纪律？让有趣、有用、有价值的课堂教学活动占领学生的学习时间。事实上也确实如此，教师的讲授枯燥、乏味，远离学生实际时，孩子就感到厌烦，课堂纪律会变得一团糟。教师没有好好备课，匆忙上阵，场面难免会失控。如果教师能精心设计好每一节课，那么就不必为纪律问题大伤脑筋了。

特级教师于永正老师说："上好第一节课。精心备课，把握准教材，把教材装在心里。准备好教具，组织好教学。一旦学生安静下来，要尽可能地展示自己的特长和才能。如果一开头的一段话热情洋溢，板书的第一个字让学生为之赞叹，第一次朗读让学生为之感动，用丰富的表情和机灵的眼神吸引住学生，用得体而幽默的语言让孩子笑起来，用变化的教学方法让学生感到有趣，使他们注意力集中，那么，你就成功了。"

二、约法三章，有一贯的要求

教师要与学生约法三章，用明确的语言告诉学生在课堂上不许随便说话，要注意听讲，不搞小动作。教师要说话算数，言而有信，在班上说的话，给同学们的许诺，一定要兑现，哪怕是罚学生的规定。要让学生知道，老师是严格的，是说到做到的，老师的话不是开玩笑，也不是儿戏。有的教师怕得罪学生，管教不严，发现学生违反课堂纪律仍视而不见，长此以往学生就会不拿老师当回事儿，课堂纪律就越来越糟。

建立常规，培养习惯，需要注意以下几个方面：

（1）课始。上课铃声一响，学生应精神饱满地就位。老师来后，起立、敬礼，整齐坐下。这些规范不仅是开始上课的仪式，还是师生课堂学习前的一次感情交流。

在你开始上课之前，一定要把教室里所有人的注意力都集中在你的身上，如果有人在私下聊天，你不要讲课。没有经验的教师或许会认为，只要开始上课了，学生自然就会安静下来，以为学生看到课堂已经开始，就会进入学习状态。有时这会起作用，但学生并不一定总是这么想，他们会认为你能接受他们的行为，不在意你讲课时有人说话。聚焦这个技能意味着，你应该在开始上课之前要求学生集中注意力，即只要还有人没安静下来，你就一直等下去。有经验的教师的做法是，在所有学生都完全安静下来之后，再停顿三五秒钟，然后才开始用低于平时的音调讲课。讲课语气温和的教师的课堂，通常比嗓门大的教师的课堂更加安静，学生为了听到他的声音会保持安静。

有时也可给学生定心丸。在每节课的一开始就明确地告诉学生这节课要做什么，以及每个环节大约需要多少分钟。为了使学生积极配合教师完成教学任务，教师可以让学生的心中有一个"盼头"，告诉他们在这节课的结尾阶段他们可以做的事情。比如，在向他们说明了本节课的教学安排后，可以说："如果进行顺利，我可以让你们在这节课的最后阶段跟朋友聊天，或到图书馆去，也可以赶做其他科的作业。"这样的安排也会让那些喜欢上课讲话的学生有所收敛。

（2）课中。学生在课堂上，行为若懒散，精神必涣散，为使学生集中精力学习，应该要求他们坐端正，不东张西望，积极举手发言，认真看课本读课文……对课堂学习通常要做的一些事，仅提出要求还不够，尚须想一想学生达到这些要求有什么困难，问题在哪里，应该提供什么帮助，采取哪些措施，进而制定各种规范。也就是你要有同理心，能够理解孩子们的难处；你还得帮孩子们想出办法来，管不住自己了，该怎么办。另外，一个规矩实施后，如果有违反的，可以请周围的同学说说他错在哪里了，该接受怎样的处罚。说的话是一样的，但是由谁说出来，效果不一样。

（3）坐姿。坐姿也很重要。有的同学习惯于两脚乱伸，身子歪斜半躺半坐在椅子上，无精打采。双手背后虽然对坐正听课有些作用，但学生容易感到疲劳，学习起来不方便。听讲不必将手背后，学生自己选择合适又便于学习的位置放好即可。

坐姿的规范要求是：脚放平，手放好，眼看前。

（4）拿书。课堂上学生应该怎样拿书呢？总拿在手里容易疲劳，放在桌上不利于朗读。它的规范应是：朗读时双手将课本拿好，要立着放在课桌上，距眼睛一尺远。听讲及默读时课本翻到相应页面平放在桌面上。

（5）举手。课堂举手也要规范，但要灵活一些：一般问题举手发言。有些独立思考成分大，以谈个人想法为主的问题可以抢答，以便畅所欲言，各抒己见。凡要求举手回答的问题，教师提出问题，可举起右手向老师示意。对允许抢答的问题，教师也应该用约定的手势向学生示意，使学生明确哪些问题需举手回答，哪些能抢答。

（6）文具。有的学生课堂上玩文具，影响注意力；有的学生乱拿乱放，该用时找不到，耽误学习。因此应有以下规范：待老师讲明学习任务、要求之后，轻轻打开文具盒，拿出所需的文具，用完及时收回去。

上面的列举很是琐碎，但教师正是靠平时一点一滴、细致入微的严格要求，树立自己的威信的。有了威信，你不怒自威，不言自喻，只往那一站，孩子们就会乖乖地进入学习状态。

三、包容缺点，控制情绪

青少年儿童因好奇、好说、好动的天性，不成熟的心理，课堂上出现这样那样的违反纪律的行为也属正常，关键是教师能否有广阔的胸怀来包容，并学会妥善处理。

有这样一件事：

初入教职的新教师，心情本来就很紧张，生怕出意外。可是越怕越出事，刚上讲台，全班同学就哄堂大笑起来，笑声中夹杂着"真像""像极了""多像啊"的碎语。她茫然失措，发现黑板上有个很大的女人头像，高高的眉骨、翘起的鼻子，加上作者在特征处明显地夸张一笔，一眼就可以看出画的是她自己。她顿时觉得面孔涨得发疼、窘极了。遇到这种情况，教师通常的做法是发一通火，追究责任，可是她控制住了自己的火气，稳定了一下情绪，就在同学们猜不出她如何处理这件事的时候，她真诚地鼓励说："画得多好哇，确实像；这位同学应把这一特长发挥下去。"接着她打开教案，若无其事地开始上课。后来这位同学问老师为什么不急不气，她回答："因为我是老师，我更知道尊重的意义。"那位同学诚恳地向老师道了歉。

（选自《人民教育》1983 年第 5 期）

这件事告诉我们，对学生的恶作剧，教师应该有一个比较宽阔的胸怀，并尽可能利用它对学生进行思想教育。如果斤斤计较，睚眦必报，那么势必影响教师的形象，影响师生关系。

一位中学教师深情地说："1997 年踏上讲台以来，我深切地体会到中学教师这一职业的艰辛。在日常的教育教学中，无论你是否有精神，走上讲台，你就得有精神；无论你是否愿意，跨上讲台，你就得乐意；无论你是否有病，站上讲台，你就得没病；无论你在生活中遭遇了多大的不幸，涉足讲台，你就得掩饰你的不幸。因为，你面对的是一张张稚气可爱的脸，几十颗纯真无瑕、求知若渴的心。这一切都缘于你是一个教师，你得有一个超越自我、超越局限的博大胸怀，这就是教师的境界。"

那么，教师的境界究竟应该体现在哪里呢？用一颗无比宽容的心，包容学生们的缺点，控制自己的情绪。包容他们是因为他们是孩子，控制自己是因为我们是成人，更是教师。成长中的孩子，难免会犯错，我们做教师的一个轻率的做法，就可能在他们的心灵上投下阴影，影响他们的一生。

要真正能够包容孩子，教师们有几点需要注意：一是不要动不动就把纪律问题道德化。轻微的小说小动，有孩子的天性在里面，你不可能"根除"，也没有必要"根除"，要把它看成是课堂教学中正常的小插曲，不必上纲上线，认为这是孩子们不尊老师、不爱学习的表现。否则，你的眼界就窄了，所有的注意力都被它吸引，也就丢了师生的融洽交流，丢了教师教学的智慧，学生累，你更累。二是你要懂得，教育是"农业"，是"慢"的事业，不能心急。教育孩子是漫漫长征路，我们得允许孩子们不断反复，允许他们进步龟速。须知，着急，不是教育；立竿见影，也常常站在教育的对立面。三是问题来了，我们怀着怎样的心态去面对，这很重要。认为这是麻烦，觉得"我怎么这么倒霉，这帮孩子怎么这么淘气"，你就会被各种烦恼压垮；如果你觉得教学问题的出现，是提高你教育水平的契机，思考的角度变了，心态也会跟着变，你可能就不那么心焦气躁，你的眼睛就能找到问题发生的根源，你的思考就能发现解决问题的方法。

四、顾全大局，个别处理

有些学生养成了课堂上说话，搞小动作甚至捣乱的坏习惯，一下子制止很困难。对于这些学生，最好是课下和他们谈心，心平气和地讲道理。受"应试教育"的影响，有些老师只抓学生的学习，只重视学生的成绩，忽视了对学生内心的关注，不能够从心理上关心、爱护学生，不能够满足学生一些合理的心理需求。还有些老师对待"优生""差生"，不能一视同仁。须知，你严格要求，学生会心服口服；你处事不公，学生会难以接受。久而久之，孩子们怨气冲天，师生间的感情产生隔阂，有些学生就会制造一些"小麻烦"，故意气老师——"乱"就不可避免了。

管理课堂教学，最忌讳的莫过于和学生正面发生冲突，或争吵，或对骂，或对打。这种"热处理"其结果往往是两败俱伤。一是受教育者一时难以接受教育，一个人情绪激动，是什么道理也听不进去的；二是整个课堂教学会受到冲击；三是教师威信下降。

课堂管理应坚持"冷处理"的策略。无论遇到什么样的问题，盛怒之下，注意克制自己，冷静再冷静。俗话说："冷静是智慧的源泉，急躁是无能的表现，火气一来智慧就走开了。"有的教师为了维护"师道尊严"而"寸土不让"，而很多学生，尤其是淘气的"学困生"更是把自己的"面子"看得比生命更重要。所以教师在火头上非和学生争个高低，效果肯定不好。

颇有教育经验的教师不会轻易去刺激学生的情绪：一是尊重学生人格，不讽刺挖苦体罚学生，不用过激的语言去伤害学生，批评教育讲分寸、场合、方式；二是善于观察，能够捕捉到学生情绪变化上的蛛丝马迹，一旦发现学生有发飙的苗头，马上冷静下来，想办法灭火，以缓解矛盾，而不是给学生火上浇油，一定要等他们情绪稳定下来，心平气和时再去做工作。

当然教师有时也可以采取"得理不让人"的进攻策略。也就是说，抓住一个自己特别有"理"，而违纪学生没有一点反击借口的时机，借助学生舆论，通过严密的语言攻势、严肃的态度、不可置疑的语气，甚至不惜"剑拔弩张"，力争"不战而屈人之兵"。以后，类似问题便不会再出现了。当然，选择发作的对象很有学问，教师必须保证可以"一招制敌"，没有必胜的把握，就不要轻举妄动。"急风暴雨"式的发作其实是为了"一劳永逸"，"得理不让人"后的教师形象会得到提升，以后，学生想违纪也要加倍小心了！

五、运用暗示法组织教学

运用暗示法组织教学实际上就是一种低调处理的方法。很多严重的纪律问题，比如到最后把学生送进校长办公室，都是因小事而起，最后激化成了大冲突。往往是教师对学生进行点名批评，本来事情并不大，但是却和学生发生了语言上的冲突，然后不断升级，不可收拾。如果教师的干预尽量低调，尽量把问题解决在悄无声息中，就会使很多冲突得以避免。

1. 表扬暗示法

这种暗示是采用语言形式间接的暗示。也就是说，当教师发现有的学生思想溜号时，不直接批评他，而是表扬全班同学，或者表扬表现比较好的学生，从而对思想溜号的学生发出警告。例如，一位老师发现一名同学课堂上摆弄小刀，他就对同学们说："现在同学们的注意力都很集中，没有一个同学搞小动作。"那位同学听了老师的话以后，立刻把小刀收起来，专心听课了。要经常对学生说下面这样的话，使表扬有实质性，班级纪律就会有明显好转："第二组同学坐得最端正。"——如果班级里某个角落出现"骚动"。"王磊的眼睛一直看着老师。"——如果他的同桌走神了，或回头说话。"只有程章在认真书写作业！"——当写字课同学们议论纷纷时。这比直接点名批评要好得多。我们习惯了批评的状态：疾风冷雨，怒火冲天，声色俱厉。其实，把批评装在表扬的瓶里，就像给苦药裹上糖衣，温和但直入肺腑。温和，学生容易接受，不破坏融洽的课堂气氛；直入肺腑，就有穿透力，可以有针对性地解决问题。

当然，采用这种暗示方法也要看具体情况，必要时也可由表扬暗示转换为批评暗示。例如，已经上课了，但还有一名同学在下面玩，经表扬暗示不见效果，这就可转用批评暗示，比如说："现在全班大多数同学都已坐好了，还有一名同学没有坐好。"此时，这种暗示性的批评能得到预想的效果。

2. 示目暗示法

示目，就是教师用目光注视着学生，利用自己的表情、动作向学生暗示。比如：教师发现有学生在课堂上思想溜号，不改变正常教学，而是抽出空余时间，用目光注视那个学生，让他觉察到自己的行为已经被老师发现，并从老师的目光里感受到对自己的不满与期待，这种以目传情的暗示法，能促使学生马上把注意力集中起来。

值得注意的是，教师采用这种方法，需考虑用什么样的目光，既然是注视就不应该是瞪。如果老师怒目而视，眼睛里发射的是凶狠、严厉的目光，就可能适得其反，引发学生的逆反，学生可能会想："你老师愈是对我凶狠、严厉、冷冰冰的，我愈是不听你的，我非气气你不可。"这就糟了。教师注视学生的目光，应该像父母对待儿女一样，恨铁不成钢，目光里暗含亲切、遗憾、责备、期待等复杂的感情。这可以使学生愉快地接受老师的暗示，把注意力集中起来。

3. 语调暗示法

语调暗示法实际上是教师通过言语形式间接地向学生发出的暗示。教师使用这种方法时，可以同时配以夸张一点的动作来实现暗示效果的扩大化。例如，教师正在读课文，如果发现某个学生在下面搞小动作，教师表面上不动声色，一边加重语气去读课文，一边大踏步向那个同学走去，这种暗示虽不是指名道姓的批评，实际上也会使学生感到"老师发现我了"，他会马上把注意力集中起来。教师运用这种方法的时候，还可以根据思想溜号的同学做出的反应，临时决定是否走到底。如果走到中途，学生已经把注意力转移到课堂上来了，就不一定非走到学生的跟前；如果学生在你走到他座位前面还没有反应，这时就可以在学生的座位前滞留一会儿，甚至用上"示目暗示法"，直到他把注意力集中起来为止。

低年级学生年龄小，有意注意的时间不长，在课堂上要随时组织纪律。在组织教学时，王正芳老师说：我比较多的使用喊口号的形式来引起学生的注意。如"一、二、三，坐端正"，教师说前面的"一、二、三"，学生边坐好边回答"坐端正"。再如，"小眼睛——看老师，小耳朵——听老师，小嘴巴——闭闭拢"，教师说"小眼睛"，学生齐说"看老师"，教师说"小耳朵"，学生齐说"听老师"，教师说"小耳朵"，学生齐说"闭闭拢"。在这个互动之中，学生分散的注意力能马上集中起来。

4. 提问暗示法

这种方法是教师通过提问向学生直接发出的暗示。例如，在课堂上，当教师发现有的学生走神时，有意让他站起来回答问题，或者是重复及补充别人的发言。这种暗示是具有惩罚性的，它可以使学生体验到课堂上不注意听讲带来的不良后果，从而提醒他把注意力放到课堂上来。但是这种方法不宜多用，特别是不要将其作为管理学生课堂纪律的主要方法。如果频繁地提问，会造成师生的对立，学生容易产生逆反心理。他们会想："哼，反正老师你不是愿意提问我嘛，我最多站起来不发言罢了。"所以，运用这种暗示要注意掌握"火候"。此外，既然让学生站起来了，就要引导让学生把问题回答好，不要一看到学生不会就幸灾乐祸，连讽刺带打击地训一顿。这不仅会打乱学生回答问题的思路，而且会激起学生对老师的反感，乃至造成对立的情绪。

六、适度的惩罚

苏霍姆林斯基说："在目前的社会道德状况下无论实行什么样的纪律都离不开惩罚"。作为说服教育的一种辅助手段，惩罚也是一种教育，它是说服教育的必要补充。惩罚是教师有意识地使学生经受不愉快的体验，以影响和改变学生行为的一种手段。惩罚的目的是为了制止或阻止违纪行为的产生和重现。所谓"杀鸡给猴看"，一般情况下不搞集体惩罚。惩罚的方式：一种是暂时中止违纪学生参加所喜欢的课程的学习。如微机课和体育课，深受学生喜欢，一旦中止其参加活动，眼睁睁地瞅着其他同学跃跃欲试的快乐，他们就会对自己的做法进行反思，也会收敛自己的行为。另一种是否定，即当众批评、教训、课后留下来等。但在运用惩罚时，教师必须让学生明白，惩罚的是违纪行为，而不是针对学生。

教育不是改造人，是唤醒人。最好的惩罚方式是自我体验。这种方式是抓住学生犯有过失或错误的教育时机，让学生去适当承担错误的后果，引导学生去体验，从而来唤醒学生，让学生分辨善与恶、是与非。如一个学生在课堂上不遵守纪律，影响上课，你不妨请他叙述事情的经过，让他讲出不遵守纪律的原因和危害，使他形成一种反思，然后让他做一回记者，现场采访周围同学的感受，让那些喜欢吵闹的同学亲耳听听同学们的心声，以引起心灵的触动和思想的震撼。这种不显山不露水的惩罚，无疑比罚站、蹲马步等方式更容易深入学生的内心世界，使学生从不愉快的情感体验中警醒自责，从而自觉纠正自己的过失。

怎样惩罚，什么时候惩罚，是需要老师的教学智慧的。比如：自觉性差的学生调到离老师近的位置，让他处在老师的布控范围之内，他的行为就会有相应的收敛。另外，学生违纪，处理要果断，快刀斩乱麻，不必说为什么。最不得已的手段是惩罚，如罚他停课。但最好不要在上课时请他到办公室去，那样做，容易闹僵；碍于面子，他硬不去，老师会很尴尬的。最好当众说："某某同学，下节课你必须到办公室去，因为你太影响大家了，这是老师迫不得已做出的决定。"课间休息时，把他请到办公室。

总之，任何手段和方法都服务于目的，只要是能为顺利地进行课堂教学服务，能有效制止学生的课堂违纪行为，那么，任何手段都可以尝试。但是，有三大问题一定要注意：一是不能以伤害学生的身心健康为代价。二是一定要让学生感受到，你的批评是为了全体同学的进步或者是为了他本人的成长。三是千万不要以发泄教师个人的不满情绪为目的进行管理。

第8章
用赏识激励唤醒学生
——优化课堂教学评价

　　行为科学证明：一个人如果受到正确而充分的激励，能力就可以发挥到80%～90%，甚至更多。看来，教师课堂上必须学会赏识激励和评价学生。

　　什么是课堂教学评价？评价是指对事物估定价值。课堂教学评价是指人们借助理论以及方法、手段对教师的教学行为或结果，对学生的学习行为或结果的价值做出评议和判断的过程。课堂教学评价的目的是提高和改进教育教学效果，促进学生主动地、全面地、和谐地发展。

　　评价是一种判断，是一种界定，是一种激励，是一种引导。评价也是一把双刃剑，同一种学习行为，这样评价，学生就得到鼓励，从此扬起奋进的风帆，朝着既定的目标不懈努力；那样评价，学生就遭受伤害和打击，从此萎靡不振，分内的事都没了积极去做的动力。这就是评价的神奇魔力。

　　评价的形式很多，可以是口头评价，也可以是书面评价（如作业批改、操作评定、量化考核、成绩测试等），有时老师的表情、动作对学生来说也是一种评价。如课堂上教师一个温和的眼神，一个赞赏的微笑，一个肯定的点头，都会给学生带来巨大的精神力量，令他们精神兴奋，思维活跃。

　　赏识评价确有神奇的功能。好孩子确实是在表扬、鼓励中成长起来的，伴随着爸爸、妈妈、爷爷、奶奶、亲属、邻居、老师、校长、同学、社会等各方面的鼓励、赞扬、奖励，他们从婴幼儿走到童年，从童年成长为青少年。鼓励是进步的阶梯，表扬是成长的驿站，奖励是成就的里程碑。在表扬中学生发现了自己的潜能；在表扬中学生得到了尊重，增强了信心；在表扬中学生努力进取，学习有了力量。

那么，怎样优化教师的课堂教学评价呢？以下建议可供教师参考。

一、心灵碰撞——体现真诚性

俗话说，感人心者，莫先乎情。情先行，理必通。教师在课堂上的评价能不能发生作用，起到多少作用，首先看教师的评价是不是真诚的，是不是发自内心的。学生是敏感的，如果他感觉到教师的评价是真诚的，是发自内心的，是由衷的，就容易接受，并产生震撼，受到感染。如有位教师说："每当学生提出有价值的问题，我总要走上前去，握住他的小手，注视着他的双眼，赞美道：你有一双慧眼哟，能发现别人发现不了的问题，多了不起呀！"这样，学生就真切地感受到了成功的愉悦。因此，教师的评价应该重视情感的投入，即用简短、恰当的语言，热情地给予褒奖。而且，评价语言要富有变化。如有学生在品评教师范读时，讲得有理有据，不仅说出教师读得好，还说出好在哪里，教师动情地对他说："你说得太好啦，真是我的知音啊！"学生听了这样的评价语言，内心肯定比吃了蜜还要甜。

尊重信任学生不等于不敢说真话。有些真话，尽管听的人觉着不舒服，但你还是要说，这是一种做人的责任和勇气。有一次听贾志敏老师上语文课，有几个孩子朗读时带着读书腔。贾老师评价说："读得不自然，很一般！""读得不错，不错就是马马虎虎。"有时干脆说："不好！"乍一听，觉着有些刺耳；仔细想想，才明白这样真实的评价，才能让孩子真正认识自己，看到自己的不足。作为教师，我们不能在爱的名义下，放任孩子的缺点和错误，以致他们迷失自己。

二、行为导向——体现针对性

课上，学生发言之后，教师如是评价：他的声音真响亮！你的声音真好听！教师是否想过，这样评价的指向是什么？教师关注的是学生言说的内容，还是言说声音的音量与音质？显然这里评价的不是内容。笼统、抽象地评价学生的课堂学习活动，往往指向性模糊，评价内容也含混宽泛，不仅给学生造成模糊不清、似是而非的认识，而且对学生的行为发展帮助不大。所以，教师的课堂评价应适时，具有明确性、针对性，而不要过于笼统、宽泛、含混不清。

怎么才算有针对性呢？可以考虑这样几个问题：

（1）针对学习内容的评价。比如教师在教学《早操》一课时，引导学生读儿歌，给予了这样的评价语："你读得好极了，真像一只勤劳的小蜜蜂。""你的声音真响亮，小露珠听了多开心啊！"

（2）针对学习习惯的评价。比如："你看这位同学的眼睛一直看着老师，他听讲多认真啊！""这位同学读书的姿势真好看，谁能像他一样？"

（3）针对学习方法的评价。比如："你真是个有心人，在生活中认识了这么多生字，小朋友们都佩服你。""你通过想象，一下子就记住了'飞'这个字，这个办法真好。""你用换偏旁的方法记住了这个字，这真是一个记字的好方法。"

（4）针对情感态度的评价。比如：教学拼音，教师设计了借助拼音介绍好朋友的环节，学生纷纷夸奖自己的好伙伴，教师抓住时机，引导学生要互相团结；小组合作造句，教师就"妈妈关心我"和"我关心妈妈"这两句话，培养学生爱父母、爱家庭的情感；当学生克服了学习上的困难，教师及时表扬"你勇于向困难挑战，是个勇敢的孩子"。

（5）针对合作学习的评价。比如："你们小组可真棒，想的办法最多。""这个小组，有的读、有的摆、有的贴，分工合作，很快乐地完成了任务。""你看这些同学都在欣赏他们共同完成的作品，他们多快乐呀！"

另外，教师的评价要想更有针对性，需要多关注事实，关注学生的努力程度，关注教学现象背后的原因。比如有个学生总不做作业，有的教师就会叫他过来当头棒喝："你最近怎么老是不写作业？懒病又犯了吗？"这样直接给学生定了性，反而不利于学生错误的改正。我们可以试着这样去说："最近交到我这儿的作业，你总是完成不了，发生什么事情了？有什么原因吗?"这样的评价更能帮我们找到问题的根本，也容易走进学生的内心最深处。

三、评价内容——体现丰富性

教师课堂上需要评价的内容很是丰富，要尽可能多角度进行评价，使评价形式多样一点儿。如下面这个例子：

《装满昆虫的衣袋》是苏教版五年级上册第二单元中的一篇文章。本文是一篇记叙文，主要叙述了著名昆虫学家法布尔从小就对昆虫非常入迷的故事。课文通俗易懂，富有童趣。李老师执教的这堂课无论是新课标理念的落实，还是教学目标的达成，无疑都是成功的范例。这不仅仅在于课堂流程的科学操作和课堂呈现方式的合理适时，更重要的是教师的课堂语言评价的"尺度"到位有效。

李老师执教第一课时的课堂评价统计如下：

课堂流程	评价统计	赏识性评价	启发性评价	激励性评价
激发兴趣 导入新课	2	1	1	–
初读课文 整体感知	8	3	2	3
精读课文 学习方法	15	4	7	4
写字练习	1	–	1	–
合计	26	8	11	7

从上表统计中不难看出，李老师的课堂语言评价达 26 次，每个环节都有呈现，而且评价方式多样——赏识性评价、启发性评价、激励性评价。其中，赏识性评价 8 次，启发性评价 11 次，激励性评价 7 次。可见

李老师不仅懂得教师语言评价的重要性，而且能在执教中落实到位，效果显著。

（选自仇立运《教师课堂语言评价方式的观课报告》）

四、用语艺术——体现激励性

课堂用语应该做到准确、简洁、得体，让学生听得明白。俗话说："良言一句三冬暖，恶语伤人六月寒。"语言是一种艺术。同一个意思，换一种说法，效果就有所不同。如一位教师教《海上日出》时，一学生说："夺目"的意思是"把眼睛夺出来了"，惹得全班哄堂大笑，她也满脸通红，低下了头。教师走到她跟前，慈爱地说："你已经把意思说对了，能换一下说法吗？"当她说出"就是光很亮，很耀眼"时，教师亲切地鼓励她说得好，理解很到位。她高兴地坐下了。正是教师的耐心与慈爱给了学生自信与尊严。

无论在哪个方面，教师都要尽量去挖掘学生身上的优点，鼓励他们树立信心，并给以肯定。"优点单"记录着每一位学生的优点，使每个学生看到了老师与身边同学的评价，自己恍然大悟，原来自己还有这么多本事没有发挥出来，"我一定能行"。

无意的伤害，这种情况最常见。教师并不是有心去讽刺、挖苦学生，但是由于语言不当，观念有误等，无意中伤害了学生。比如下面这些表现：

· 一位教师教学"直线、射线和线段"后让学生质疑。一学生问："老师，射线为什么只有一个端点，而没有两个端点呢？"教师以为学生故意捣乱，随口甩出一句："你为什么是两只眼睛而不是一只眼睛呢？"其他学生哄堂大笑，发问的学生羞愧不已，以后再也不敢发问。（不解童真）

· 比一比，看谁比×××读得更好！（褒了一个，同时也贬了一个）

· 你背诵得实在是太好了，早知道这样，我应该第一个叫你起来回答。（鼓励了后者，但打击了前者）

·你和某个同学一样，都是一天上八节课，但论成绩相差十万八千里。（一棍子打死）

·教学《年月日》一课时，我精心备好课，上课时我先提问：小红今年12岁，奶奶今年60岁，小红已经过了12个生日，可奶奶只过了15个生日，这是为什么？我刚说完，聪明的学生甲立马站起来说：因为奶奶的生日是这闰年2月29日，每四年才过一次生日。这就把我精心设计好的教学情境搅乱了。我压住气，对学生甲面无表情地说，坐下。然后继续讲课，按照自己备好的课一步步上下去，结果平平淡淡，平时积极的学生甲也不再举手发言。[①]（打击了学生发言的积极性）

教师的某一句话可能对学生的一生产生影响，所以必须讲究艺术，教师的课堂评价语言应体现激励性。如："你的声音像百灵鸟一样，读得真动听，再读一遍好吗？""你真会动脑筋"！"××真会听讲，我们都向你学习！""你知道的真多，一定很喜欢看书。""你回答得太棒了！"……这些鼓励性的语言拉满了孩子们前进的风帆，使他们获得了满足，产生了学习的兴趣和动力。

怎样运用好课堂评价语言的艺术呢？下面介绍谢文香老师对新旧课堂评价用语的研究，相信会对一些老师有所启发。

[旧语之一] 说得还不错。

[新语之一] 你解释得真精练，比教师说得更有道理。

[旧语之二] 哪位同学比他读得好一点？（读得差的学生没有再读的机会了）

[新语之二] 这一遍比前一遍好多了，再读一遍会更棒！

[旧语之三] 上课不要三心二意，心思都用在哪儿了？好好听课！

[新语之三] 老师再说一遍，请你仔细听后再回答。

[旧语之四] 自己独立思考，不许交头接耳。

———————————

① 选自陈作棋的《"反思"无处不在 教学有你更精彩》。

[新语之四] 请大家以小组为单位讨论讨论吧。

通过旧语和新语的对比，不难看出旧语是以教师为中心，以机械的整齐划一为目标，评价往往是轻率而发，在不知不觉中束缚了学生的主动性和创造性。长此以往，学生只会越来越自卑，越来越被动，品尝不到学习的乐趣。结果是，后进者越来越差，好孩子也没有了前进的动力。而学习了新课标后，在新的教育观念的驱动下，我们的教学用语不断向人性化、平等化、科学化发展，学生的积极性、主动性和创造性被激发出来，课堂上焕发出了无限的生机和活力。

同时要注意，教学评价尊重学生、强化激励性是必要的，但凡事过犹不及，做什么都有个度，如果只是一味地鼓励赞扬，忽略了引导，丢掉了否定性评价，也是不妥的。

五、巧妙灵活——体现多样性

1. 学会转化

所谓学会转化，就是教师转换评价角色。评价的对象变了，形式新颖，更容易吸引孩子们的眼球，也大大提高了评价的作用。如于永正老师在教学《草》一课时，就巧妙地转化了评价角色。

师：小朋友，回到家里，谁愿意把新学的《草》背给妈妈听？（生纷纷举手，师找一名到前边）好，现在我当你的妈妈，你背给我听听好吗？想想到家该怎么说。

生：妈妈，我今天学了一首古诗，背给你听听好吗？（生背）

师：啊，我的女儿真行，老师刚教完就会背了。（众笑）

师：谁愿意回家背给哥哥听听？（师指一学生到前面来）现在，我当你哥哥，你该怎么说？

生：哥哥，我背首古诗给你听听好吗？

师：哪一首？

生：《草》。

师：噢，这首诗我也学过。这是唐朝大诗人李白写的。

生：哥哥，你记错了！是白居易写的！

师：白居易？都有个"白"字，我搞错了，还是弟弟记性好。（众笑）……

（选自于永正《于永正课堂教学实录》）

显然，在这里，于老师将教师角色转化为社会性角色（如妈妈、哥哥），运用口气、声调和音量等灵活评价学生，有情节、有冲突、有情趣，容易被学生接受，评价的作用也体现得淋漓尽致。

2. 调动体态语言

体态语言是指教师在课堂上通过手势、姿态、表情等来传达教学信息的一种特殊的语言表达方式。

心理学研究表明："信息的总效果 ＝ 7% 的文字 +38% 的声调 +55% 的面部表情。"在课堂上，教师正确运用表情、手势等体态语言，能增强教师对学生的激励，加深双方的信任。

教师要善于调动体态语言参与评价，丰富评价的内涵。教师亲热温暖的举动能给学生身心带来愉悦，教师灿烂的笑容是开在学生心中永不凋谢的鲜花。所以教师的课堂教学评价，应注意体现在每一个细小的动作情态之中——摸摸孩子的头、拍拍孩子的肩、拉拉孩子的小手，体现在一个表扬、一个眼神、一个鼓励、一句幽默的话语之中。

3. 运用观察统计

有的课堂教学评价也可以借助于观察统计的方法。如下面这个关于学生学习兴趣的评价，教师就采取了观察统计的办法，从而对学生的表现做到心中有数（见下表）。

主题	评价项目	特别表现	自评	互评	教师评
你的学习兴趣	课前准备				
	好奇心和求知欲				
	大胆想象				
	尊重事实、认真				
	乐于探究，有坚持性				
	善于合作				
	完成作业情况				
	……				

（量化标准用"★"表示，可以是一颗星到三颗星）

4. 互评

有些教师的课堂，无论是教学，还是评价，都是垄断性的。如课堂上，教师的评价用语，满天飞的是"错了""请坐""不对""谁再来"。甚至还有的教师，不注意自己的教学用语，他们指责较多，讽刺挖苦，让学生羞愧难当。所以改变教师评价的垄断势在必行。

引导学生自评，教会学生互评，这会大大释放课堂评价的力量。如在语言教学中，可引导学生通过互评互议，知道哪些地方读得好，哪些地方读得不好，并进行自我矫正和自我完善。教师应教会学生评议的方法，提出评议的具体要求，即引导学生从语气、语调、停顿、重音等方面进行评议，在读读、评评、议议的过程中，学生专心聆听，认真思考、独立判断、顺畅表达，逐步提高朗读能力和鉴赏能力。

应该尽可能避免的评价误区：

（1）教师独霸评价权。教师掌控时间和大部分评价的机会，很少甚至不让学生评价。正确的做法是多数情况下先学生评，教师最后做确认。要防止四种心理定势：以教师自我为中心；以优等学生为中心；以整齐划一的答案为中心；以单一的教学目标为中心。

（2）学生没答好，或冷淡地让学生坐下，或把学生撂在那不管，或找优秀生回答后责备没答好的同学。正确的做法是，或教师点拨一下，或让优秀学生补充，再让这个学生复述。一定要找个台阶让不会的学生体面地坐下。

（3）廉价的鼓励表扬，夸张至极。"你真是我们班最聪明的孩子！""再没有人比你出色了！""你的眼睛真比孙悟空的火眼金睛还厉害。""真是棒极了！""对极了！"

（4）不恰当。一位教师让学生用"一边……一边……"造句。一位学生说："我一边吃瓜子，一边写作业。"教师却表扬道："你真聪明，能够把生活中的事联系到造句上来。"显然，被表扬的同学会误认为自己一边吃瓜子，一边写作业还得到了老师的表扬呢！

评价方法单一、机械死板，既容易降低评价的作用，又导致学生的厌烦。根据学生求新、求奇、求趣的心理，评价方法应富有变化、运用巧妙、灵活多样。如教学过程中，有些问题教师可以"一语点破"，但教师偏偏不点，而是通过一个又一个的问题，让学生"经历""感悟"。这恰恰是留给学生思与悟的时间。我们都说学习要"悟"，我们真的让学生悟了吗？

六、学会等待——体现时机性

教学中，教师时常求"快"，以为自己讲得越多，学生就掌握得越好。其实不然，学生学习知识不仅需要过程，还需要有咀嚼、品味、消化的时间。等待是一种课堂教学策略，更是一种课堂教学智慧和艺术。等待就是给予一个空间，为学生自主思考创设一个平台。其实等待更是成人对儿童的尊重和理解，是教师对学生差异的尊重和理解，是教育者的耐心与宽容的体现，同时也是对育人规律的遵循。

教师在教学过程中要学会等待，要有足够的耐心去唤醒、去点燃学生的智慧火花，等待后自然会瓜熟蒂落，水到渠成。另外，当前课堂改革提出课堂要动起来，活起来，但也不要走极端，因为一味地喧嚣，孩子们的思维常浮在表面，只有心沉静下来思考，他们才可能进入思维深处。所以，课堂也需要安静和沉默。在提倡素养教育的今天，我们的教师应该更理性一点，多给学生一些思考的时间，等一等学生，让课堂节奏慢下来，要知道深刻理解一个知识比知道许多的肤浅知识更重要。

教师需要抓住课堂最佳的评价时机。所谓时机就是在时间上有利的条件和机会。农民种地抓"农时"，工人打铁有"火候"，一个优秀教师总会抓住时机，及时、有效地评价：当学生回答很有创意，教师能马上充分地肯定；当学生回答问题露出端倪时，教师立即给以引导性评价——"你的回答很好，已接近答案，再想想"；特别是当学生回答问题很不全面，乃至出错时，教师不急于否定，而是延迟评价，耐心等待，善于引导，这才是聪明之举。

学鲁迅的文章《风筝》，一位教师先让全班学生默读、泛读，在此基础上再让几位学生分段朗读。这时，一学生站起来，读得磕磕巴巴，极不流畅，教师却一直在专心致志地听。本来这位学生读完一段后，该轮到下一位学生接着读，但教师并没有说"停"，而是让她多读了一段，那份耐心和等待让我肃然起敬。

一个有教学智慧的教师，会在学生回答问题时耐心等待，而不是急着"塞给"学生"标准答案"。一位教育家说过："教育就如同播种，要等待一定的季节、一定的阳光（温度）、一定的水分和一定的土壤等条件都具备了，才能发芽、开花、结果。"教师的耐心等待是一种教学策略，是一种教学艺术，也是一种教学理念。我们要学会耐心地等待。

第一等候时间：在阅读和思考材料时等一等。教师给学生布置了学习任务，要给足学生阅读和思考的时间，越是读不好，越需要教师的等待，越需要给孩子更多的时间。如果教师让学生急急忙忙地做，而后教师就慌不可耐地捧出自己的讲解，这样的学习就是流于形式。所以，教师要学会等待。

第二等候时间：教师提出问题后。常见的毛病是，教师的问题连珠炮一样，一个接一个"轰"向学生，学生只有招架之功，哪有喘息时间去思考？更有甚者，学生稍一卡壳，教师就把答案"砸"过去了。教师心太急，缺少耐心；学生很无奈，疲于应付，思考都浮在表面上。再就是教师思维比较狭窄，把自己预设的答案当成是唯一的标准答案，不愿意或者没有耐心听取学生的不同解读。提出某一问题，如果学生的回答并非教师预设的，教师就不断地追问下去，最后教师或无奈或烦恼地公布答案，学生解答问题就像是猜谜。

第三等候时间：学生回答问题时。绝大多数教师在上大规模的公开课、示范课时，都希望教学按预设的节奏顺利进行，偶尔碰到学生回答不畅、思维卡壳或者朗读磕巴等情况，都会巧妙地、不露声色地让学生"闭嘴"，把更多的表现机会留给那些表达流畅、思维敏捷、回答问题正确率高的学生。这样的做法是不妥当的。

总之，教师在课堂上要善于等待。它表达的是对学生的无限信任，等来的是学生思维的豁然开朗。

七、评价精准——体现导向性

教师的评价要有激励性，要尊重学生的独特见解（体验），鼓励学生大胆发言。教师还要及时把握、正确引导学生的思维方向，要注意评价的客观性和导向性。如下面这段课堂纪实，教师的评价只强调了学生的独立见解（体验），却忽视了对文本的基本尊重。

师：你觉得司马光砸缸救人的做法如何？

生1：大家都慌了，有的忙找大人，有的哭起来，只有司马光的办法又快又好。

生2：我觉得司马光的办法不好，砸坏了公园的缸，又可能把缸里的小朋友砸死。

师：你们觉得第二位同学说得有道理吗？

生3：小石头都会砸伤人，这么大的石头真的会把缸里的小朋友砸死。

生4：缸片飞出来，还会把外面的小朋友砸伤，这办法危险！

师：这几位小朋友真会动脑筋。

其实，该文主要是赞扬司马光危机时刻能不慌不忙，急中生智，挺身救人，而这大智大勇的司马光却在教师的引导下被群起而攻之，批了个体无完肤，使大部分学生对人物的理解严重偏离了课文原意。

另外，从下面学生的"怪味"问题回答中，也充分说明教师必须把握评价的导向性。

《狐狸和乌鸦》——"狐狸很聪明！你看它为了得到肉，很会动脑筋。"

《秦兵马俑》——"我觉得应该感谢秦始皇，如果秦始皇不为自己造陵墓，就不会留下举世无双的兵马俑了"。

《虎门销烟》——"林则徐没有环保意识，八百万斤烟渣冲入大海会造成多严重的污染，石灰冲入大海，对大海、对植物的危害更大。"

上面这些回答脱离了文章主旨，游离于文本的独特体验，是对文本的误解，它不仅严重偏离、曲解了原意和科学本质，而且还出现了价值观的偏离，从根本上扭曲了教学的方向和实质。所以教师的教学评价不仅要注重鼓励学生的独特精神，也要注意评价的精准，给以学生思想和价值观的正确引导。切不可扭曲了教学的方向和实质。

教师对学生的评价激励不应是偶尔一时的，应该坚持不懈，体现连续性，这样发挥的作用会更大。赏识和激励效果的体现是一个长时间的完整过程，有其连续性。

这一章的讨论让我们认识到：教师评价和教学评价多么重要。教师不经意的一句话，可能会影响孩子的一生。其实，每个孩子的心中都有一颗渴望成功的种子，教师的鼓励与引导就是那适时的阳光、雨露，让希望的种子在孩子心中生根发芽，而教师悉心的指导与关怀会一路呵护着这些幼苗茁壮成长，直到成功、成材。

第9章
优秀教师是读出来的
——教师有效读书秘诀

在一次新教师培训中，笔者曾问新教师：大家现在正在读什么书？读了多少书？老师们反馈的情况让人十分惊讶！甚至有的年轻教师说，从初高中到大学读书已经读够了，也够累了的，现在参加工作了，也该歇歇了，还需要读什么书呢？青年教师的这种心态令人忧心！

一、读书是快速成长法宝

如果说课堂是教师的根，那么，教学理念则是一个教师的魂。教学理念怎么形成？一靠实践，二靠阅读，三靠思考。教师成长的路千万条，但是阅读是教师专业成长最直接、最简便、最经济、最有效的方法之一。为什么要特别强调青年教师要多读书呢？

1. 做好教师工作之需要

阅读对教师的特殊性，是由这个职业特点决定的。很早就有"一碗水与一桶水"的说法。现在是信息化社会，流行这样一种说法——"知识折旧率"：一年不学习自己知道，两年不学习同事知道，三年不学习学生知道。没有厚积就没有薄发，没有深入就没有浅出。火山爆发之所以壮丽强劲，是因为它聚集了巨大的能量。名师之所以能在教学、科研方面取得成绩，是因为他们不间断的读书学习和知识积累。

实践证明，读书少是造成教师专业成长不快的一个重要原因。有的教师手中除了一本教材、一本参考书以外，什么都没有。在一些学校绝大多数教师整日被"正统"的作业或各种上交材料所包围，他们很少去看课外书，甚至现在一些教师培训注重的也是听报告或讨论，忽视教师个人的读书。这种文化现状势必造成教师专业上的"贫血"。

2. 专业成长之需要

优秀教师是读出来的，阅读是教师成长的阶梯。如果一个教师不读书，他就不能在教育教学这条路上走得很远。换句话说，优秀教师首先应该是个读书人。名师闫学说："回顾自己的成长历程，我想用四句话来概括，那就是我的成长史就是完善知识结构的阅读史，我的成长史就是笔耕不辍的写作史，我的成长史就是课堂实践的磨炼史，我的成长史就是持续反思的研究史。在这四个维度所构成的框架中，就我自己而言，大量高品位的阅读应该是我成长的一个最关键的、最根本的要素。因为持续不断地阅读可以使知识结构不断趋于完善，可以使教育写作走向开阔与丰富，可以使课堂实践不断循环上升，可以使教育反思不断走向纵深。"

几乎所有的名师，都在持之以恒地做一件非常普通但又非常重要的事情，那就是读书，大量地、范围广泛地阅读。坚持不懈地阅读，就是教师成长为名师的秘诀，这是公开的秘密。在"河南最具成长力教师调查问卷"中，80%以上的"成长力教师"都提到了专业阅读，并且把它放在了促进自身成长的首要位置。

3. 精神发育之需要

朱永新说："一个人的精神发育史就是他的阅读史。"一个民族的精神境界取决于这个民族的阅读水平。要把读书当作第一精神需要，当作饥饿者的食物。要有读书的兴趣，要喜欢博览群书，要能在书本面前坐下来深入地思考。

下面是一位优秀教师的读书感悟。

第一次读完这本书我失眠了

申凤琳

感谢市教育局这次举办的教师精读一本书活动。同时也很庆幸读到这样一本书——《名师启迪与骨干教师成长》。它的出现就如黑夜中的一把火炬，不仅给我带来了信心和温暖，同时为迷茫失落的我指明了方向。说起来惭愧，走向三尺讲台整整三年，却是第一次如此认真地阅读一本教育教学专著，第一次受到如此大的震撼与感动，第一次熬夜拜读，并认真地做起读书笔记。如果你和我一样，是一名工作不久的"85后"教师，在工作中面临着很多的困惑又无处解答，那么这本书绝对能给你带来正能量、新力量。

犹记得第一次读完这本书的感受：我失眠了，整晚都在思考自己这三年的工作经历，并与书中提到的名师比对，我既觉得有些安慰又觉得后悔。觉得有些安慰，是因为每一名骨干教师的成长都是一步一个脚印走出来的，他们也都年轻过，也都和我一样，有过彷徨、有过迷茫、有过挫折、有过等待。只是他们选择了勇敢地面对和坚持，不给自己留时间去抱怨、去逃避。后悔的是，我错过了教师成长中最关键的三年。

我想，接下来我一定会整装待发，勇敢前行，早日实现自己的目标。最后借徐世贵老师的话鼓励自己："没有播种，何来收获？没有辛苦，何来成功？没有磨难，何来荣耀？没有挫折，何来辉煌？"希望在未来的骨干教师队伍中有我也有你。

当你把书读到一定程度的时候，你对很多事物的理解会融会贯通，站得高、看得远。不要害怕深度阅读，那是你通往未知世界的路。如果你害怕深度阅读，你就自己给自己关上了一扇通往未知世界的门。读一些有挑战性的书，它会让你的阅读更有质量。

4. 提高教学成绩之需要

提高教学成绩是每个青年教师的迫切需求，如何提高呢？读书！

特级教师于永正说："很多人问我为什么我的课内容很丰富，其实是我平时注意积累，注意从读书中获得更多知识，从读书中找到迅速提取信息的方法。"

我（指徐世贵——编者注）曾收到贵州一位初中老师的一封信。

徐校长：

您好！

我以前工作很努力，成绩却很一般，属于那种"费力不讨好"的可怜人，特别是我校有位老教师说我是物理教学的"异类"，还有位教师在一次学校会议上曾拍桌子说，他改行教物理，成绩一定超过我。他们说的这些话深深地伤透了我的自尊心，一些同事也经常在茶余饭后，把我当成笑料说事，我就是那种努力没成效的典型人物。

别人为了名利而工作，我受了很多讽刺和嘲笑后，为了自尊拼命工作。2013 年 1 月，天助我也，我在淘宝网上购买到了《有效教学难点突破与教学对策》，这本书我一研读就是一个寒假，这是我参加工作以来读到的对我最有用处的一本书。通过研读您的作品，我才知道自己为什么努力了却得不到回报的原因。2012—2013 学年第二学期，通过一个学期的努力，成绩与别人持平，甚至略胜于别人。暑假时我反复研读您的那本书，深度反思自己的教学策略。在您的指点帮助下，2013—2014 学年第一学期的工作成绩远远超过同级同类班级，有一个班均分名列全县第一，超过曾经嘲笑我的那位教师同类班级均分 18.5 分。这个学期那位教师被调离岗位，他的课全部加在我的头上。我现在每周的课时是国家核定课时的 2.5 倍，但我精心运用您的作品中的有效教学策略，成绩比别人的同类班级超得更多了。上周，我被学校聘为物理学科课改组长。

我说了这么多，主要是为了感谢您。在我人生走到低谷时，是您救了我，我所表达的是一种真诚的感谢之情！我现在课务太重，工作效果离您作品所说的那种名师的标准还差得很远。您的思想就像一盏灯，为我指明了前进的方向。再一次深深地感谢您的书救了我，使我找到了做人的自尊！

这位教师是读书的直接受益者。从这封信可以看到，读书能够直接提高自己的教学能力，把课上好，提高学生成绩自然也就在其中了。

二、青年教师读什么书

学海浩瀚，书山茫茫，人生有限。读书学习、积累资料不能四面出击，应该根据自己的专业特点、学习优势、兴趣爱好，有选择地读，有选择地积累。职初教师可以读一些案例、方法类的书籍，帮你很快上路。骨干教师可以读一些基础经典理论书籍，让理论与教学实践相结合，提升自己。卓越教师要沉下心来，多读文史哲类的书籍，增添生命底色。

不会进行专业阅读是教师读书的另一个突出问题。从读书类型和读书方式的调查结果中可以看出，绝大部分教师不会进行专业阅读，阅读的书籍仅限于教学参考书、教育教学杂志等，而对教育类的专业书籍很少阅读，阅读的深度、广度很有局限，对自身阅读缺乏整体性的谋划，破碎而充满错误，这样不科学的阅读，严重影响了专业发展。那么教师怎样读书，尤其是怎样专业阅读？下面提供六条建议，供教师参考。

1. 读自己专业相关的书——拓宽加深专业基础

读专业相关的书是安身立教之本，无论在什么时候、什么条件下都应读好。名师都十分重视读专业相关的书。比如全国名师吴正宪就高度重视研读教材，她说："那个暑假，我从研读教材入手，找来第 1 至 12 册教材，用了整整一个假期，把全套教材所有的例题、思考题及有代表性的练习题全部做了一遍。我不断地查阅大量的参考资料，并根据数学知识的内在联系整理出知识网络图，写下了几十万字的学习笔记。至今，20 多本写满密密麻麻学习体会的笔记本和教学随笔，还珍藏在我的书柜中，两次乔迁新居，我忍痛割爱淘汰了不少书籍，但那些发黄的笔记本一直与我紧紧相随。"

2. 读教育报刊——了解同行在想什么

发表在《中国教师报》《人民教育》《江苏教育》《上海教育》《北京教

育》等教育报刊上的文章，展现了一线教师和教研科研专家的教学经验精华或先进的教育思想。这是教师转变观念、更新知识、学习方法的源头活水。在一所边远山区的小学，有一位从师范毕业不到两年的青年教师，在他工作后的一年多里，没有参加过一次区、县级的教研活动，然而他的课上得很有教改特色，后来组织派他到各区上了一轮巡回示范教学课，反响很好。他还获得了县、市级的优秀教学经验（或论文）奖。为什么一个刚分配到山区的青年教师，在既无人帮助、指导，又缺少教学资料、教学仪器的情况下，能上出教改优质课呢？他的经验就在于学习别人的经验时，主要在"破"字上下功夫。他订了《湖南教育》和《小学教学参考》等杂志，杂志上介绍的方法和经验，他先是认真学，后是反复实践，在实践中体会，寻找到属于自己的教学方法。

3. 读教育经典——以史为鉴

真正的教育理论永远不过时，总是那样永恒而平易。著名特级教师李镇西说过："阅读欲就是我的生存欲。"他在广泛阅读各类文学书籍和教育书籍的同时，潜心研读了苏联教育家苏霍姆林斯基的著作，以苏霍姆林斯基为榜样，把自己整个的心灵献给了孩子们。

4. 读中小学生的"书"——走进学生心灵

学生的作文、日记、文艺作品、作业，无论是发表的还是没发表的，都要认真读，细心品味，你会很好地了解学生的内心世界。

5. 读人文书籍——开阔视野

教师既要读专业性的学科著作，也要读综合类的"科外闲书"；既要读短小的"豆腐块"，也要读高深"大部头"。如一位教师说："我读教育专著《语文科课程论基础》《给教师的一百条建议》，读'闲书'《一千零一夜》《乌丢丢的奇遇》，还读自费订阅的《读者》《江苏教育》《小学青年教师》等，我一边读，一边认真地做摘抄和反思笔记……细读精记开阔了我的视野，启迪了我的思想，厚实了我的底蕴。"

读人文书籍包括：阅读文学名著、名人传记，常看些小说、散文，鉴赏品评并抄录诗、词、曲、联精品及格言警句，经常翻阅并熟记常用成语典故等。这会不断扩大和丰富自己的知识领域，提高自己的文采。

6. 读现代有影响力的教学理论

（1）认知主义学习理论。这是研究由经验引起的变化如何发生的一种学习理论。它强调机体对当前情境的理解，知觉的动力和学习的动力原理一致，将认识认知具体、形象化。由于大脑神经系统结构和进化的不同，人和动物具有不同程度的理解力。

（2）建构主义理论。也译作结构主义，是认知心理学派中的一个分支。建构主义理论的一个重要概念是图式，是指个体对世界的知觉理解和思考的方式。也可以把它看作是心理活动的框架或组织结构。图式是认知结构的起点和核心，或者说是人类认识事物的基础。因此，图式的形成和变化是认知发展的实质，认知发展受三个过程的影响：同化、顺化和平衡。

（3）多元智力理论。传统的智力理论认为人类的认知是一元的，个体的智能是单一的、可量化的，而美国教育家、心理学家霍华德·加德纳在1983年出版的《智力的结构》一书中提出：智力是在某种社会或文化环境的价值标准下，个体用以解决自己遇到的真正的难题或生产及创造出有效产品所需要的能力。每个人都至少具备语言智力、逻辑数学智力、音乐智力、空间智力、身体运动智力、人际关系智力和内省智力，后来，加德纳又添加了自然智力。这一理论被称为多元智力理论。这种理论认为，不存在单纯的某种智力和达到目标的唯一方法，每个人都会用自己的方式来发掘各自的大脑资源，这种为达到目的所发挥的各种个人才智才是真正的智力，造就了人与人之间的不同。

海纳百川，有容乃大，总之，教师仅仅依靠一本教材、一本参考书去上课、打天下，肯定是不行的。正如教师吴樱花的切身体会：

作为教师，增进内力绝不仅仅是吃透一本教参，也不能局限于本专业知识的融通，我们需要横向跨界、拓宽视野、开阔胸襟。只有挖掘自己的学习力并保持学习力，我们的教育随笔才能摆脱平面循环的僵局，进入螺旋上升时期。

我曾利用双休日自费参加了上海心理咨询课程班培训，在阅读教育书籍的同时还阅读了企业管理方面的书籍。在新的单位，我倡议备课组教师一起写教育随笔，每周一篇千字文，互相学习，互相促进。

经由我的好友——上海浦东教师发展研究院王丽琴老师的建议，我们后来还为自己的团队起了一个诗意的名称"青葵园"。在前期随笔记录的基础上，2012年"青葵园"团队出版了第一本作品《遭遇学困生——学困生的教育和转化技巧》。团队的行走，让我的专业发展之路走得更踏实，方向更明晰，底气也更足了。

三、青年教师的读书方法

读书，谁都想用最短的时间获取最佳的效果，谁都想用有限的精力获取更多的知识。然而，读书者殚精竭虑地探索，莘莘学子，成功者寥寥。究其原因，不得法也。读书有道，一凭勤奋和毅力，二靠规律和方法。凭勤奋和毅力可以水滴而石穿，靠规律和方法能够事半而功倍。具体来说，应该讲究读书的方法，学会智慧地阅读。

怎样有效阅读？下面结合个人读书体会，谈谈我（指徐世贵——编者注）的做法：

有人曾问我：你为什么在那么忙的情况下能做到教学科研两不误，不但书教得好，而且还发表那么多论文和专著，获得了那么多科研成果？我说："我受益于多读、多思、多做、多写。读是积累，思是加工，做是实践，写是总结。"读书、思考、写作之间是相互强化、积极互动的良性循环的关系。我把学习、工作、研究结合起来，把读、思、做、写统一起来，这是一个人快速成长的最佳途径。

与大多数的孩子一样，我从小就喜欢读书，从连环画小人书到科普读物，从课本到小说名著，凡是我能见到的书都喜欢读。缘此"文革"期间还被列为反面典型受到批判，家中的藏书都被搜缴，但是这并没有扼杀我读书的欲望。

1973 年我到本溪市师范学校就读，1975 年毕业分配到本溪县站前小学任教，尽管还处于"文革"时期，但还是没有间断过读书。"文革"结束后中国的经济文化开始复苏，我的读书生活进入一个新的阶段。1980 年县教育局安排我到辽宁教育学院离职进修学习，这真是天赐良机，让读书与我的生活、专业、理想密切结合。

在沈阳学习期间，我不仅经常跑图书馆阅览室，还自费订阅了《大众心理学》《心理学科普园地》《演讲与口才》《辽宁教育》《自学》《教师报》等几种报刊。这时我特别注意知识的积累，我准备了几个本子，将那些有价值的东西都记载下来。几年时间里我摘录、整理、剪接出的各种资料达十几本，几百万字。

从沈阳毕业回来以后，我很少看电影、电视，甚至外出办事都带上书，候车室、旅店、邮电局等公共场所都是我学习的好地方。一有时间就看几页，就这样一点一滴地坚持，让时间化成我的财富。

"三更有梦书当枕，半床明月半床书。"我十分欣赏这种读书生活，我也希望自己能进入这种读书境界，我觉得读书确是一种享受。书籍是前人的知识、思想、技术、智慧的载体，是人类进步的阶梯，读书是和有智慧的人对话。学习能改变命运，学习能成就未来。多年来，读书学习使我认识自己，发现了自己，改造了自己。是读书学习开垦了那块在"文革"期间荒芜的土地，读一本书就如登上一层楼，研究一个问题就开阔一部分眼界，读书学习使我站得高，看得远。

……

许多教师感叹：很喜欢读学术方面的书，但就是总觉得读后用不上，出现读书与实践两张皮的现象。怎样破解这个问题？读书要做到五个结合，实现知识能力的自我建构。

1. 读与研的结合

读书没有固定的方法，因专业、工作特点、兴趣爱好、生活习惯等不同，每个人的读书内容、时间、方法也各有不同。从目的上看，读书大体可分两种：一种是休闲性读书，一种是实用性读书。实用性读书大多数是从研究的角度开始的，即研究性学习。带着问题去读书，搞清一个问题，解决一个难题，于是也就拓展了一部分知识，开辟了一个领域，创造出新的成果。

读书不一定非要一本一本地系统去读，因为有些教育理论的书既抽象又枯燥，在没有讲解的情况下读起来很费力气。况且有时书的内容和实际工作内容相脱离，这就很容易产生厌烦的心理。如果结合实际问题（也就是要解决的问题）有针对性地学，则会事半功倍，取得良好的效果。

笔者在读书时，一般采取两种方式：一种是如果有时间、有兴趣，就对一本书较为深刻和系统地去研读。另一种是把书作为资料储备，研究问题需要这本书的内容就去读。当然，这时也不一定要全读，涉及什么内容就看什么内容，需要哪本书就读哪本书。

读研结合的学习方法是一种高效学习法，笔者在多年的实际工作中尝到了甜头。打个比喻，这种学习类似农民开荒种地。以前，农民开垦出来的大片土地总是由一小块一小块地合并而成的。研究性学习的每一个研究专题就如同农民开垦的一小块地。

2. 读与思的结合

没有思考的读书，不可能提升自己的思想境界。教师读书最忌"挖到筐里就是菜"的盲目吸收，读书一定要思考。一边阅读，一边思索，用自己的见解去理解作者的思想和见解，用自己的理论观点去消化别人的言论，以形成完全属于自己的认识。正如哲学家叔本华所说："一种纯粹靠读书学来的真理，与我们的关系，就像假肢、假牙、蜡鼻子和人工草皮，而独立思考获得的真理，就像我们天生的四肢：只有它们才属于我们。"

在读书上不但强调鲸吞，还强调牛嚼。对于经典，必须像牛反刍一样反复研读，这样才能很好地消化吸收。读教育书籍应像读言情小说那样津津有味，才能找到感觉；读到新的观点和收获要像哥伦布发现新大陆一样，才能找到欣喜。作家贾平凹曾经说过："你若喜欢上一本书了，不妨多读：第一遍可囫囵吞枣读，这叫享受；第二遍就静心坐下来读，这叫吟味；第三遍便要一句一句想着读，这叫深究。三遍读过，放上几天，再去读读，常又会有再新再悟的地方。"大作家说的是文学创作和读书借鉴问题，但与教学突破是同一个道理。任何一个教师，哪怕一个名师，只有在阅读别人的思想的时候才能明白他们走到了什么地方，留下了什么脚印，才能知晓怎样去继承、发展、改革和创新。

依据我（指徐世贵——编者注）个人的体会，读与思的结合应该突出"三个一"。

（1）精读一本经典。选一本最值得研读的经典书，反复细读，真正理解和掌握其精神实质所在，乃至熟烂于心，脱口而出，进而能够举一反三、一通百通。简单地说，也就是要有一本看家的书。当年在辽宁教育学院进修学习时，我手不释卷的一本书是苏联教育家巴班斯基撰写的《教学教育过程最优化》，几乎每天都放在兜里，一有空就读。后来这本书都已经读得破烂了，粘一粘继续读。这样一本介于理论与实践之间的书，既能读得懂，又能联系实际。后来我讲课、搞课题研究和写东西，从书里吸取了很多有用的东西。它对于我从事课堂教学研究帮助也很大。

（2）专攻一个小课题。读书与研究结合，效益最大。读书时可以选自己正在研究的一个主题，进行专题研究，深挖一口井。在任何一个领域里，只要持续不断地花几个月的时间进行阅读、学习和研究，就可以使一个人具备高于这一领域的平均水平的知识。要做到短期速成，就必须目标专一，而且由一个主题拓展到多个主题，这样就会触类旁通，快速地将"一口井"变成"一个湖"。

我家的藏书有几千册，90%以上是教育专业方面的书籍。从上世纪70年代到现在，我购书和读书的经历恰恰是我从事研究的经历，我每个时期读的书也总是围绕这个时期我的研究专题来选择的。如今，拿出我曾经发表的论文或专著，总能相应地找出一部分书来。这些书不仅记载了我读书的经历，也记载了我研究的经历。

（3）深研一位名家。要知河深浅，需问过河人。当教师在专业成长中找不到奋斗目标，不知向何处走的时候；当教师在专业成长中遇到困难，遭受挫折，急需力量支持的时候；当教师在专业成长中学习、研究缺少方法，不知怎样做的时候……名师作为一个过来人，能为教师的专业成长指点迷津，师法名师可让一些老师从山重水复疑无路，走向柳暗花明又一村。所以读书时可根据自己的兴趣爱好、工作需要、任教学科、性格特点等来确定一位重点学习对象，收集有关重点学习对象的所有资料，长期研究，掌握其最基本的教育教学思想，并在实践中应用。这样一来，你就站在了成功者的肩膀上，会看得更远、走得更快。

在教育行内我有很多榜样，最早迷恋的是魏书生。上个世纪80年代，只要是魏书生的图书和声像资料我都反复看，反复研究。我没有系统学习过初高中课程，做一线中小学教师时间短，为使自己的短板不短，在做教研研究时，我读特级教师窦桂梅、吴正宪、钱梦龙、宁鸿彬、张思明的书比较多。有针对性的研究使我收获很大，成为我专业成长少走弯路的一个重要原因。

3. 读与积的结合

求知如采金，积学似储宝。在学习中，积累资料是十分重要的。我（指徐世贵——编者注）家里和办公室里的藏书以及收集的各种资料很多。可以说，没有这些资料的积累，也就没有我今天的专业发展。

我的做法归纳起来大致有以下几种：

（1）买书和订刊物。一是常跑书店，发现一本好书就买一本。二是留心报刊上的书讯，以便网购。无论是书籍还是杂志，不一定要一次读完，拿到任何一本书刊后先大致浏览一下，然后分类存放，作为今后的备查资料。当然，如果在阅读时能够尽量圈点批注，留下一点笔记，对今后查阅资料将更有帮助。

（2）摘录。平时应准备几个本子，按不同资料的内容分类。阅读以后，凡是认为重要和有用的东西，分别抄在不同本子上，"对号入座"。

（3）剪辑。有些杂志和报纸内容繁杂，阅读起来费时费力。可将有关内容从报纸、杂志上裁剪下来，进行重新编辑，并分门别类地粘贴在各个本子上。

（4）复印。把有用的资料复印下来，分门别类地订在一起。

（5）记录。平时准备一个本子，记录日常工作、学习及生活中产生的零思碎感。一线教师在教育教学中提出的问题或遇到的难题等，都可以记录下来。这些记录都成为我日后研究课题的有利资源。

4. 读与用的结合

毛主席说："读书是学习，使用也是学习，而且是更重要的学习。"干什么想什么，想什么学什么，学什么做什么，这是一条重要的学习方法和策略。名师一般是在工作中学习、在学习中研究、在研究中工作，即把学习和研究的理论、经验、方法及时应用到实际工作中去，在教育教学的实际工作中如遇到问题，再去读书和查阅相关资料，进行理论的再学习，让学习、研究和工作形成良性循环，这是用教育理论指导实践的最好方法。

一般来说，读与用结合有以下几种情况。一是直接用于备课、上课。现在，笔者既有很多读书积累下来的文本资料，还有一些从互联网上下载的电子文本资料。无论是写文本教案，还是在电脑上做课件，这些备用资料都是重要的信息来源。二是用在课题研究上。当自己需要攻克某个课题而缺乏相关知识时，即定向选读相关的书籍、资料来进行阅读和学习。三是在研究课题的过程中，随时随地向书本和互联网请教。四是在写作中充分地应用图书和网络资源。

5. 读与写的结合

我（指徐世贵——编者注）的专业成长是一个读书的过程，也是一个写作的过程。至今，我已发表论文100余篇，出版教育专著60多部。可以说，是读书成就了我，更是写作成就了我。

读书→思考→实践→写作，就是我学习的四部曲。书到用时方恨少。因为你要写，你才可能去读书收集资料；因为你要写，你才会发现知识的欠缺。所以，从这个意义上说，写作是一种中介，是一个平台。教师应把读书与思考、读书与实践、读书与写作结合起来，使它们相得益彰。写又是记录读书和研究成果的最好方式。正如我们有些骨干教师常挂在嘴边的一句顺口溜：把看到的记下来，把想到的做出来，把做到的说出来，把说出来的写出来。名师成长的经验告诉我们：他们无一不重视写作。

在我的成长经历中，我总是把读书与写作结合起来。在我看来，读书与写书为我的专业发展插上了腾飞的双翼。就我有限的阅读经验而言，要让我们在阅读中产生的思想不至于稍纵即逝，也为了让我们的大脑不至于成为他人思想的跑马场，我们必须学会整理、学会记录、学会提升，甚至学会推翻，这就必然要借助于写作。如果读书引发思考，那么写作本身就是思考。写作帮助我们梳理思想，不断地返回自身、认同自身、否定自身、完善自身、升华自身。这些年，凡是遇到值得精读的好书，我总是首先做大量的读书摘记，然后把自己在阅读中的思考化成文字，写成一篇篇文字，发表在各类报纸杂志上，最后写成了书。

我体会，当读书成为一个人的爱好和习惯时，就是人生最大的幸运。如今，读书已经成为我生命中不可缺少的一个重要组成部分。过去，我读专业书颇多，而现在也喜欢读一些诗歌、散文、杂文、戏曲、小说等文学作品。我不仅读文本，也上网查阅资料。博采众长，海纳百川，我每天都在浩瀚的知识海洋里遨游。读书让我找到自我，读书让我找到快乐，读书让我所有的梦想都开花。

四、力戒浮躁，持之以恒

关于影响读书的原因，有这样一个问卷调查：31% 的老师认为平时工作忙，用在读书上的时间和精力偏少。22% 的老师认为，心情浮躁不安，静不下心来读书。21% 的老师认为业余生活丰富，影响了读书。26% 的老师认为不知道该读什么样的书。问卷也暴露出来很多的问题。一是思想认识不到位。如在"影响读书的原因"中，超过半数的老师认为影响读书的原因是"工作忙，心情浮躁，静不下心来读书"，这一方面反映了目前中小学教师忙于教育教学工作，学习时间较少的事实，另一方面也暴露出教师们对自己要求不高，对读书的重要意义缺乏正确的认识，对终身学习的认识不深，终身读书的观念淡薄。

人都有天然的惰性，而心态浮躁是教师读书的大敌，面对物欲横流的世界，面对一个个腰缠万贯的大款出现在自己身旁，有的老师静不下心来，没有那种"板凳要坐十年冷"的耐心是读不好书的。所以，教师读书要想真正有成效，就必须克服惰性心理和浮躁心态，坐得住，钻得进，并持之以恒。书籍是人类进步的阶梯，书籍是教师专业成长的台阶，希望每个青年教师都能踏着书的台阶拾级而上，最终加入名师的行列。（资料积累流程如下图所示）

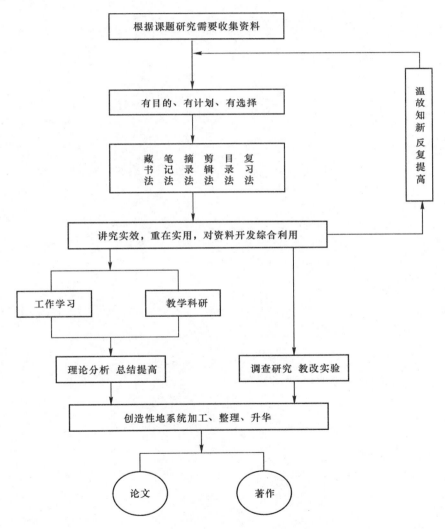

第10章
学名师，少走弯路
—— 怎样有效学习名师

一个人能走多远，看他与谁同行；一个人有多优秀，看他有什么人指点；一个人有多成功，看他与什么人相伴。遇见名师如同一盏明灯，照见更好的自己。青年教师怎样才能少走弯路，在较短时间内学会上课呢？有一个重要秘诀就是向名师学习。一个人做事不能完全靠蛮干，还要学会"借力"，读好书，交高人。

一、学习名师可少走弯路

对于一名渴望成为优秀教师的成长期教师来说，不断模仿名优教师，无疑是成功的法宝。特级教师薛法根说："我的教学功底是在一堂堂模仿课中练就的。移植别人优秀的、成功的科学成果，虽然是一种简单的验证性的实验研究，但对刚刚踏入教学和科研大门的青年教师来说，仍然不失为一条捷径——既能体验教育科研的过程，又可以夯实自己的科研基本功，还能缩短从教之初的适应期，取得明显教学效果。"

现在信息技术这么发达，名特优教师的观摩课、公开课录像、视频多如牛毛，只要你愿意学，愿意看，足够你学习的。我们可以通过反复观看，模仿其一招一式，最终在学习借鉴中形成自己的东西。如下面湖师附小盛新凤的做法就很值得青年教师学习借鉴。

无视·外视·内视

1987年，我从师范毕业，分到市里的名牌小学——湖师附小。湖师附小是一所有着悠久历史和文化积淀的百年老校，那里名师云集，且有着鲜明的语文教学特色。我，一个不谙世事的小丫头，诚惶诚恐，真是有些无所适从，只知道仰着头看身边的名师。那个时候，我先后师从郭钦平、周静英老师和校外的邵起凤、穆慧华、徐德真老师，我乖顺极了，觉得师父是天，是地，师父说的话就是金科玉律，特别是轮到上公开课，恨不得住到师父家里去，急急地把师父说的每一句话都记下来，生怕落下什么。所谓课的成功与否，就是是否完整地把师父说的每句话都背下来。

在那个阶段，因为师父强，所以我也强。在师父手把手的教导下，我成功地上了一系列公开课《小蝌蚪找妈妈》《飞夺泸定桥》等，也获得了一系列的荣誉，包括被评为省、市教坛新秀，破格晋升小学高级教师等。但那个阶段，我没有自己的思想，我只顾复制师父的东西，不会自己思考，不会理性分析，更不会自己创造。眼前的一切都是混沌模糊的，只有师父听完课后满意或不满意的神情，对我来说，那，便是一切。我把这个阶段称之为"无视"阶段。

当我在湖州的教坛上崭露头角后，便有幸参加了省跨世纪骨干教师培训班，班主任是汪潮老师。在这个班里，我开始睁大眼睛看外面的世界：我看到了自己与同学间的差距，看到了自己理论水平的匮乏，看到了教育研究的领域原来是如此宽广无边。

于是，我开始广泛阅读，多方吸收，潜心研究名师的优秀案例：支玉恒老师的《太阳》、于永正老师的《草》、靳家彦老师的《跳水》、王燕骅老师的《骆驼和羊》等，我都拿来细细揣摩，并"移花接木"巧加利用。那个阶段，我独立或半独立地设计了《笋芽儿》《打碗碗花》等一系列公开课。在那个阶段，在班主任汪老师和许多前辈的推荐、帮助下，我有机会在浙江的舞台上充分展示、锻炼自己，我一边输出一边吸纳，利用与名师同台上课的机会，虚心求教，广泛吸纳专家意见，不断完善自己。在这个阶段，我会常常因专家们的评价或喜或悲，我热血沸腾激情满怀，一会儿想学王燕骅老师的严谨丰厚，一会儿想模仿支玉恒老师的洒脱自然，一会儿又沉迷于张化万老师的创意迭起——在那个阶段，我眼中只有别人，唯独没有自己，那是一个"外视"阶段。

2000年，我参加了国家级骨干教师培训班，在北京学习的三个月期间，我沉下心静静地读书、思考，回家后，把自己前期的一些课例进行了分析总结。我开始努力认识自己，发现了自己身上的很多长处和短处：性格的、气质的、能力的、学识的，等等。我开始整理自己，试图在课堂上找到真实的自己。上公开课时，我开始挑选适合自己情感气质的课文，并学会尽情地用课表达自己，那种酣畅淋漓的美妙感受，简直妙不可言。于是，《去年的树》《敦煌莫高窟》等一系列公开课先后受到了华中师大杨再隋教授、浙大刘力教授、沈大安老师、张化万老师、王燕骅老师、杨明明老师等全国著名教育专家们的好评。他们都热心地鼓励我坚持自己小桥流水般的课韵，努力上出李清照的词那样婉约动人的情韵。我信心倍增，内心充满了感激。

于是，当我带着这些课例一次次在全国的教坛上亮相时，发现自己从容了许多、淡定了许多。每次上完课，我不再去关注别人的感受，而是追问自己的心：我上出真实的自己了吗？我真情演绎自己了吗？跟孩子们交流对话的是真实的我自己吗？于是，我开始更多地关注自己、审视自己，在一次次对自己的严厉审视中，我努力寻找属于我自己的、属于盛新凤的课堂感受与课堂状态。我想我是在渐渐地走向自己、走向成熟，尽管我知道离自己心目中理想的课堂还很远很远，但我特别珍惜现在的感受，因为我知道，只有找到了自己，才能找到明天！这个阶段，我把它称为"内视"阶段。

从无视到外视再到内视，盛新凤专业成长的三个阶段恰是她学习名师成长自我的过程，也正是这样的过程让她少走了许多弯路，很快从一位普通教师迅速成为一个名师。

历史证明，拜师求艺是各行各业有所成就者的一条成功经验。一般教师想成为骨干教师、骨干教师想在专业方面获得迅速成长，拜师求艺不失为一条捷径。它可以给你提供亲身示范，指引前进方向，搭建展示平台，使你少走弯路，或不走弯路，尽快成才。

独学无友，孤陋寡闻，是教师专业成长的大忌。有些教师关门教书，闭门批改，把自己封闭起来，不仅不去研究名师，还和其他老师老死不相往来，不读书看报，很少上网查阅资料，这是造成教师成长不快的一个重要因素。

二、模仿是一种重要学习方式

模仿，不是一件丢人的事，对于教师而言，模仿是成长的开始。模仿是人类与动物最简单、最常用、最有效的学习方式。古往今来，从模仿起步，成名成家的例子不胜枚举。学写书法，从描红、临帖起步；吟诗作词，从做对填词开始；习武练技，从模仿师父的一招一式开始。娱乐节目里，明星模仿秀带给我们许多欢乐。许多特型演员，把伟人、名人演绎得难辨真假。可以毫不夸张地说，模仿存在于生活中的方方面面。

教育是一门科学，也是一门艺术。没有谁天生就会做老师，从事教育教学工作的老师，必定会经历新手期、适应期、成长期、成熟期。在专业成长过程中，"学习、实践、反思"是一条重要的路径，"模仿"是另外一条重要路径，这也是全国著名特级教师王崧舟老师的一个窍门。王老师在分享其成长历程时，毫不忌讳地告诉大家，他今天的成功也是在模仿、学习、借鉴中取得的。他说，他是在观看教育名家于永正老师等前辈的录像课中成长起来的。他看名特优教师的录像课，有一招叫"情境填空法"，也就是在观看录像、视频的过程中，经常按暂停键。譬如，当名特优教师提出问题请学生回答时，他会暂停一下，想一想，如果是自己，会怎么处理这一环节。然后，再看名特优教师是怎么处理的，两相对照。这样做，能更好地领会名特优教师的一招一式、一言一行的意蕴。在浩如烟海的名特优教师中，仿着仿着，你一定会找寻到一位风格最易被接纳的。当你找寻到自己喜欢的某一位名特优教师时，你离成功已经不远了。我们每位教师个性差异是非常巨大的。一位严谨型的教师想让自己通过模仿变成幽默风趣型的，难度是相当大的。但是，你在广泛浏览观看过程中，一定会找到与自己风格接近的一位名优教师。当你找到以后，可以锁定目标，将这位名师的课，一节一节观看、模仿。由仿到创，最终你一定会找到自己。

一位教师谈了自己的成长体会："作为农村小学教师，一没余钱，二没机会，虽然无缘与名师面对面，但是网络却为我们搭建了亲近名师的桥梁。我先后在'教育论坛'中搜索并下载了许多名师的课堂设计、实录、教后感和教学录像等，再定下每天读其中两篇或看一节教学录像的任务。在和名师不断'对话'的过程中，我领略着他们异彩纷呈的教学艺术；我体验着简单语文、深度语文、诗意语文、对话语文等流派各鸣佳音的教学理念；我学习着导入、提问、点拨、结课等环节独树一帜的教学策略……饥渴的我一点一滴地吸取着名师的'真经'，是名师一步一步引领着我走向博大、智慧和成熟。"

三、怎样向名师学习

青年教师怎样才能有效学习名师呢？名师是一面旗帜，但很多教师觉得名师好是好，却像天上的月亮，看是看得见，摸却摸不到，高不可攀，自己学不来。显然这个想法是不对的。名师也是平常人，是从平凡中走出来的，他们的本事是一点一滴积累起来的。教师只要有决心，没有学不好的。怎样学习名师？这里建议青年教师从"找、学、仿、创、写"五个字做起。

1. 找——瞄准对象

向哪个名师学习？怎样借力？要找准对象。如果借力不当，不仅无助于成长，反而给自己带来麻烦。好的借力名师师德高尚，业务精良，有理论素养，有实践经验，还肯帮助你。不过，天下没有免费的午餐，需要你用诚恳的态度、执著的精神去感染人家。

找准对象应该考虑这样几个因素：

（1）对口。所谓对口即和自己相似的因素比较多，如学科、专业、兴趣爱好。地域、经济条件等，也在我们的考虑范围之内。

（2）就近。主要是考虑学习指导方便。如一个年级、一所学校、一所城市、一个地区，能够选择近的，就尽量不选择远的。当然这也不是绝对的，如果名师与你契合度高，也可以跨年级、跨学校、跨地区。现代社会通信技术发达，如果心意相通，在很远的地方也可以找到自己青睐的名师学习对象。

（3）可学。所谓可学即找到有真本事，又肯热心帮助你的名师。有的名师，水平高，名气大，但是你和他差距太大，没有重合的轨道，在可学方面就要打折扣了。

（4）多重。所谓多重即不满足于拜一两个名师，有条件的话可以不同层面多方拜师。如不仅有本地的，也可以有外地的；不仅有专家型的，也可以有正在成长中的中青年骨干；不仅有教师行业内的，也可以有本行业以外的，像杂志社的编辑，在写作发表和成果交流方面，就可以给予我们很大的帮助。我们不但以师为师，以师为友，也可以徒为友，以徒为师。

2. 学——读懂名师

学习名师，应该放低身段，不懂就问。"善问者能过高山，不问者迷于平原。"既然我们是去学习的，不懂不会的就要虚心请教，不要碍于面子，不要怕人家看不起。

学名师的方法有很多，如多看名师的书，多读名师的文，多听名师的讲座，多看优秀课例录像，然后通过与同行的研讨，把优秀教师的先进思想观念、课堂教学方法与模式吃透。读懂名师就要静下心来，沉到书中去，与名师进行心灵的会晤、人格的砥砺。我们要去掉浮躁心态，领会名师成长的内核因素。

名师之所以成名，最重要的是因为他们十分注重自身的知识积累与人生修炼。看一看那些名师的成长历程，你就会发现他们有一个共同点，那就是勤于钻研、热爱读书。李吉林老师每天读书不少于 3 小时；

于永正老师刚参加工作时，规定自己每日看50页书，写一篇日记，每学期投稿不少于5篇；薛法根老师即使在学校处理事务到半夜，回去后仍要再看很久的书。我们向名师学习，首先要学习他们那种潜心钻研的精神。

3. 仿——学名师上课

年轻教师，可以选定自己的偶像（这个偶像，要慎重选择，一定要选择和自己气质相仿的，否则，你只能东施效颦），与之"同课同构"——把他不同时期的课都找出来，一节一节地模仿，模仿到别人都觉得以假乱真了，就不要再继续。这时，你可以试着摆脱他，开始创造属于自己的风格。教学有法，不可能一蹴而就，而是先得"一法"后兼及"他法"，先学"一家"后师法"百家"，融众家之长形成自己的风格。这就像练书法一样，先"入格"而后"出格"。在学习名师经验的基础上，"依葫芦画瓢"，模仿着上自己的课，学一课，管一类，是一种极好的模仿。这种类似于克隆的模仿，非常有利于自己与名特优教师进行比照。即使你拿着名特优教师的教案、课件等所有材料走进教室，你也不可能上出和名特优教师一模一样的课来。因为课堂是一段永远无法完全复制的奇妙旅程，因为你面对的学生是一个个鲜活的个体。但是，正是这种类似克隆似的模仿，会让你产生顿悟，会让你在模仿中领略到大师教学设计的奥妙之处。

模仿，是学习本领极为重要的途径，任何人概莫能外。年轻教师在起步阶段，可以反复观看名师录像或阅读课堂实录，然后学着名师的设计，到自己的班级里试着上上看。这种"试着上上看"，其实，是另一种形式的"同课同构"。从学不像，到慢慢地越学越像，这就是进步。至少，你可以把名师的设计演绎得以假乱真。虽然这还停留在"模仿秀"的阶段，但是，这种模仿在教学技术提升方面，作用是很大的。

4. 创——内化成长自己

无视、外视、内视，盛新凤专业成长的三个阶段，正体现了学习名师的"学—仿—创"的三个阶段。教师学习名师不能满足于和停留在模仿的

"无视""外视"阶段，一定要进入创的"内视"成长阶段。如在仿上"葫芦课"的基础上，对照优秀课例，联系模仿课的得失，再进行设计，起于模仿而高于模仿，逐步形成自己的教学风格。学习书法，我们要揣摩历代书法家的碑帖，博采各家之长。这个道理同样适用于向名师学习。一个真正的名师一定是个性鲜明的，比如于永正老师的童心未泯、窦桂梅老师的激情如火、孙双金老师的儒雅气质……他们的鲜明个性与教学风格相互映衬，我们是很难完全模仿得一模一样的。因此，学习名师，一定要在博采众长的基础上，结合自身的个性特点，确立自己的教学风格。

郑板桥曾向石涛学画兰花，他说："十分学七要抛三，各有灵苗各自探。"为什么呢？郑板桥解释说："学一半撒一半，未尝全学；非不欲全，实不能全，亦不必全也。"一个人有一个人的个性，你不是齐白石，也不是徐悲鸿，名家有他的成就，也有他的局限。学习是为了超过他，一味模仿，一辈子没有出息。正如齐白石所言："学我者生，似我者死。"

特级教师李镇西曾谈过这样一件事："1984年，也就是我参加工作的第三年，我迷上了魏书生。那时，魏书生远远不是名人，但《语文教学通讯》介绍他的小文章，成为我'画瓢'的'葫芦'。于是，我在语文教学的每一个环节上，都尽可能'逼真'地向他看齐，'课堂教学六步法'，画'知识树'，控制'三闲'……不能说这些学习一点效果也没有，但从总体上看，我并没有取得魏书生老师那样辉煌的成绩。当时，我很苦恼，却百思不得其解。直到后来，随着教育实践的积累和教育思考的深入，我才渐渐认识到，从某种意义上说，任何教师的教育都是不可重复的，因为教育的魅力在于个性。"

可见学习名师，不能仅限于模仿，关键在内化，创新成长自己。中国有句俗话："师父领进门，修行在个人。"拜师求艺，不能代替一个人自主的成长。路可以由别人来指点，最终还是要靠自己来走。知识方法可以传授，但能力不是讲出来的，而是在实践中锻炼提高的。山东德州市经济技术开发区弘德小学张远超老师在学习名师方面的做法就很值得我们学习。

跟着管老师奔跑

张远超

（一）

认识管建刚，是因为他的作文视频。看过第一节，我就被俘虏了。之后有时间就上网搜索，能找到的看了个遍。

看了一肚子他的课，心里直痒痒。正好学校开展教研活动，我的"管式讲评课"借此登台亮相了：管老师课的第一部分是欣赏，我照葫芦画瓢搞了个"长处共赏"，也像管老师一样根据句子特点分类为"时代感""灵动性""战争味"。

当时讲评的作文，是孩子们下雪后在操场上玩了一节课后写成的，绝大多数写的是打雪仗。打雪仗重点是动作描写，很多孩子动作描写太粗了，我从管老师那里学到的"揣摩体验法"，正好派上用场：管老师讲揣摩体验之前，用了托尔斯泰学狗爬的故事为引子；我就先讲施耐庵为了写好武松打虎，把自己当成武松，暴打板凳的经历。管老师让孩子们看他怎样挤洗洁精，找出小动作，再照着做一做；我呢，叫他们看我如何扔雪球，说说观察到的动作，最后在我的带领下，全班一起投一投。课后，听课老师夸我上得好，只有我自己知道这功劳应该记在管老师的身上。

尝到了甜头，我一发不可收拾。遇到了问题，我就去管老师的课堂实录里找解决方法，再在我的班里如法炮制。亦步亦趋中，我的收获也是沉甸甸的。

（二）

管老师那一肚子主意是从哪里来的呢？我总不能一辈子"邯郸学步"吧。我把管老师写的、推荐的书都买来，有空闲就啃食一番。

这些书，颠覆了我的作文教学观念：过去，我认为写作就是一件苦差事。现在才明白，表达和吃饭、睡觉等一样，是人与生俱来的一种本能，写作不过是这种本能的高级形式而已。只要老师用心呵护孩子们的表达欲望，写作也能像呼吸一样自然。过去，我认为现在的孩子"三点一线"，生活单调，没什么可写的。现在才明白，人只要活着，就有内容可写。但如果不留心记录的话，生活会像流水一样倏忽而过。过去，我认为写作技巧最重要。现在才明白，写作兴趣、写作意志才是基石，如果你喜欢写，能坚持下来，想写不好都难……

观念改变了，我的作文教学自然也跟着风生水起。

为了让孩子们有话可说，"一分钟演讲""周记点评"开张了。"一分钟演讲"是让孩子讲讲看到的趣闻轶事，"周记点评"是请大家欣赏优秀的周记。老师生气了，同学吵架了，小区超市搞活动了，等等，常成为他们津津乐道的话题。在朗读与欣赏中，孩子们明白生活中那些比芝麻还小的事也可以写进作文，明白写作可以给人带来满足与幸福。

为了给孩子们更多的"发表"的机会，我将优秀习作打印下来，贴到走廊里，吸引全校同学驻足赏读；我也把它们发布到QQ群里，引来家长无数点赞；还四处投稿，让一些孩子拿到了实实在在的稿费和样刊……

我逐渐扔掉拐棍，用上自己的讲评法：学生们不会写对话提示语，我发下只有对话的纸条，让他们看我和一位老师斗嘴的录像后填写提示语，看谁写的最精彩；学生们不知道自己的习作中哪有毛病，我就把优秀文章和病文放到一起，让他们鉴赏品评；我还领着他们向名家学习——写不好危急时刻的惊险，我们一块向椋鸠十请教，看他在《孤岛野犬》里怎么写主人公被群狗包围的……

时间长了，孩子们喜欢上了写作，不时有人仰着小脸问我："老师，啥时候上作文课呀？"

（三）

追随大师的过程中，我惊讶地发现我竟然敢对管老师的某些观点泛起了嘀咕：

管老师反对为写作搞各种活动，说这是在培养"衣来伸手，饭来张口"的公子哥。可是，我刚接手的三年级，孩子们一听写作文就唉声叹气，直喊没什么可写。没办法，我就创设各种情境：玩"三是倒霉蛋"的游戏，一起观察梧桐树怎么脱皮，等等，让他们先玩后写。慢慢地，孩子们脸上有了笑容，笔下有了内容。我想，他们还不会"吃饭"时，老师不妨先"喂"几回，等他们没了畏难情绪，再考虑引导他们自己找食。

管老师认为作前指导是鸡肋，食之无味，弃之不可惜。这个观点，我理解，但是不是太绝对了呢？有时候，孩子们面对一个话题，容易一时卡壳，老师与学生对话，唤醒、激活他沉睡的记忆，有何不可呢？

5. 写——梳理提炼提升

在"成长力教师"的调查问卷中，谈到是否有专业写作的习惯，30 位教师的回答惊人的一致。调查显示，他们每年的写作量在 20 万字以上的有 6 人，10 万~15 万字的有 12 人，10 万字以下的有 12 人；他们中有 28 位教师每年都会在公开刊物上发表文章。虽然每个人发表的篇数不同，但是他们已将公开发表作为了自己的一种追求。

因为要写，所以要读；因为要写，所以要去做；因为要写，所以要思考。写作是推动读、做、思的最有效的方法，是作为教师最好的教育研究，是教师行为研究的最好依托。特别是写教学反思材料，既是一种反思研究，同时也是一种研究成果。教师在学习名师经验时要坚持："实践＋阅读""名师＋自己""摘抄＋反思""写作＋表述"。这是通过专业写作，借助理论对自己的教学经验和模式进行总结提炼，形成文字材料的过程。

春华秋实，春有种、秋有收，教师把自己的研究成果写出来，并加以推广和应用，这才是一个完整的研究过程。全国著名特级教师李吉林说过："写作就是研究。"没有写作，研究成果往往会呈现碎片化、思绪化、即时性等特征或状态，写作是对这些研究成果的归纳、整理和提升，也可以说是对平时研究的"二次研究"；另一方面，写作比平时或一般的研究过程更加严谨，因而常常能获得或发现新的问题，而这些问题又是后续研究和新一轮研究的起点和动力。研究未必写作，但写作绝对离不开研究。没有研究，写作将是无本之木，无源之水。

人生的最大敌人就是自己。超越，就是认识自我，挑战自我，战胜自我，超越自我。借助梳理与写作超越自我，使原有的经验从零散走向系统、从肤浅走向深刻、从科学走向艺术。

第 11 章

在磨课中历练，在蜕变中成长
——教师磨课成长秘诀

在欣赏过名师的一节精品课后，青年教师往往表现出来的是羡慕，紧接着就会联想到自己：我什么时间也能上出这样的课来？青年教师能有这种理想与愿望是很可贵的，但也一定要明白：名师的一节节好课，都是经历无数次的痛苦磨课历练出来的。

一、为什么要重视磨课历练

著名特级教师窦桂梅说过："参加全国教学比赛前'练课'的情景，至今我还记忆犹新。我试教二年级的《初冬》。课后，11 位专家把我这只麻雀解剖得体无完肤，无论是教态、声调、组织教学的能力，还是对教材的挖掘，等等，都存在着严重缺陷。又是整整一个下午，在学校的那间小会议室中，我蜷缩在沙发的一角，接受'批评'。坐在回家的公共汽车上，眼望着窗外闪过的一排排杨树，好像它们因我的不可爱都要离我而去，不争气的泪水，直在眼眶中打转，我多么痛恨自己的没出息。但我终于成功了，手捧金灿灿的奖杯，浮上心头的都是那一次次被挑剔、被指责的画面——这是多么让我刻骨铭心，但又值得珍藏的经历啊！"

痛，并快乐着。从窦桂梅老师的体会中我们看到，通往精品课的道路是艰辛且曲折的，要经历无数次的研究课、过关课、示范课、公开课的磨课过程。磨课时别人评价的语言虽然会刺痛教师的神经，但这一次次的指导、批评、表扬、挑剔，为教师成长注入了动力。痛苦的，是磨课的辛苦与煎熬；快乐的，是教学理念的一次次更新，教学水平的一次次提升。

从名师的成长中也可以看到，磨课是助推青年教师成长的好方法，在磨课中历练，在蜕变中成长，许多名师也就是这样成长起来的。

二、磨课的诠释

什么是磨课？从广义上说，教师为上公开课所进行的研读教材、备课、试讲、教研研磨等一系列活动，就是一次次的磨课活动。从狭义上说，磨课是指某个教师在一定时期内，在教研团体的协助下，以课堂教学案例为载体，以某一节具体的课为研究对象，以课堂教学中含有的"问题"或关键事件为中心，采取多种形式，运用教研或科研方法，反复、深入地学习、研究与实践的过程。这里记录了一位青年教师磨课的心路历程。

磨课就是一个载体，把教师自主研修、同伴互助、专家引领很好地结合起来。为把课上好，教师除了绞尽脑汁研读教材，反反复复修改教案，还要搭起一个交流协作、资源共享、智慧碰撞的教研平台，请同事、专家、名师来听课、评课，进行指导，最后结合自己的教学风格反复研磨。磨课是青年教师最好的炼炉，磨课过程也是教师课堂教学能力快速成长最好的阶梯。

在"成长力教师"的调查问卷中，40%的教师专业成长道路是从磨课开始的。磨课是最好的历练，教师通过确定选题—钻研教材—备课—上课—评课—反思—再上课—总结经验等一系列行动研究，专业能力会迅速提升。特级教师薛法根曾谈到自己从教之初上公开课的感受：根治自身教学顽症，最有效的方法就是在专家面前真实地暴露你存在的问题，请他们毫不留情地给你做思想内源的"外科手术"，让你在"痛苦"中脱胎换骨！

三、磨课历练的实施策略

通过上面的分析可见磨课是助推青年教师成长的好方法。但是每谈到开展上研究课、公开课等磨课活动，有的青年教师就感到胆怯、头疼，乃至紧张、慌乱。甚至有的教师采取躲躲闪闪的态度。参与自己没经历过的磨课活动，教师有点紧张很正常；但是采取躲闪的态度是不可取的。搞好磨课活动，一是要有积极的态度，二是要学习掌握一定的磨课的方法和策略。

磨课实施的形式是多种多样的。这里重点介绍"六步骤教研法"：个人备课—小组讨论—课堂观摩—教后研讨—二次试教—反思总结。为了帮助青年教师搞好磨课活动，这里介绍一下北京中学语文教师施广胜的具体做法：

我的磨课秘笈

磨课作为学校教研的一种独特形式，在打造精品课堂的同时实现教师智慧与经验的共享，对教师专业成长起到了重要的促进作用。那么，作为主备人在磨课时，如何自磨，又应怎样借助集体的力量进行他磨呢？

1. 自磨之准备：钻研教材，自我解读，揣测学情，把握要点

信息化时代，有的老师要上一节课，往往拿到课题草草翻看一遍课文，就打开教参帮助自己把握教材，随后开始上网寻找现成的教案，东取一个导入，西取一段设计。看起来内容翔实，实际上前后脱节，不能扬教师之所长，更难切合学生当下的学情，往往事倍功半，课上得磕磕绊绊，学生与教师在煎熬中结束新课。

我在备课前，会反复研读课文，一遍又一遍，把课文"字音读准，句子读通"。这样，就可以知道学生读一遍课文得给多长时间，学生读课文时哪些字音难以读准、哪些词语不好理解、哪些句子不好读通顺，就可以有针对性巡视，有预设地进行学情调查，以便在检查初读情况、教学生字词语时，分别针对音形义扫清障碍，强化重点，解决难点。自我研读文本后，揣测好学情，我会带着三个问题再读课文。一是课文写了什么？二是为什么写？三是怎么写的？在解决课文"写了什么"这一问题时，可以考虑就这篇课文而言，学生可以运用怎样的方法概括课文的主要内容。是用

题目扩展法，还是用六要素归纳法？一定得用段意合并法，把每段的段意连起来？抑或恰有总起句、过渡句，那就摘录句段，妙手偶得？还是就题目或主人公提出几个问题，逐个回答归纳起来？还是多法并用，学生各依所长，殊途同归？教师思维发散出去，收得回来，预设就有了底。而"为什么写""怎么写的"这两个问题引领教师把握课文中心与写法。

待三个要点自得后，开始感悟文章的精妙：作者是怎样布局谋篇，遣词造句，很好地安排表达的？

在此基础上，再反复朗读，直至入情入境，产生共鸣，为文本所动。随后打开教参，参读之，希冀更有新的发现、新的提升。再翻开课标，以达成从学段衔接的体系高度，定位本单元、本课的教学目标，为下一步进行教案设计打下坚实的学情基础、文本基础、情感基础，找准课标与单元主题整体目标下的适切定位。

2.自磨之设计

板块设计，多种预设，随文训练，关注主体。教学环节的设计，一般包括：课前谈话；新课导入，质疑问难；初读课文，教学字词，整体了解主要内容；精读课文，进行听说读写多种训练与情感熏陶；迁移练习，延伸拓展；结课，布置作业。

（1）精心设计导入。铺垫课文教学，消除学生的紧张情绪，激发学生的探究兴趣，使之产生对教师的认同感。

（2）质疑问难。教师引导学生对课题进行质疑，或者就预习中不理解的地方提出问题，把学生的疑难纳入教学过程，为学生所需而教。此时，教师要注意倾听，及时梳理和有效指导，如能马上解决的表层问题立即解决，与课文的关联不大的问题随机解决，把有质量的、必须读书思考才能解决的、触及课文重难点的问题纳入到教学中。美国学者布鲁巴克说："最精湛的教学艺术，遵循的最高准则就是让学生自己提出问题。"

（3）初读课文，教学字词，整体了解主要内容。语文教学的一般顺序是从整体到部分再到整体，整体着眼，部分着手。初读，整体感知课文，给学生一个整体的印象，为后面的细读、品读打基础。初读要强化，要求要到位，训练要严格，不放过任何一处错误，特别是学困生，更要好好读书。课文没读正确、流畅，别的事先不做。例如：教学《巨人的花园》，要求认识 8 个生字，会写 12 个字。正确读写"鲜花盛开、绿树成阴、鲜果飘香、洋溢、允许、围墙、告示牌、白雪一片、训斥、覆盖、凝视、火辣辣、冷酷、愉快、拆除"等词语。在教学中，教师发现学生对"洋溢"的含义理解有困难，引导予以解决，"添"字的写法易错，就重点范写——"添"是易错字，左窄右宽，右上是个天，撇捺要舒展，右下角不是"小"，最后两笔是并列点。学生需要的时候，他们听得格外认真。

《巨人的花园》是一篇童话，有的教师在教学中出示了填空题，帮助学生了解文章的主要内容：当巨人外出，花园里常年洋溢着孩子们（快乐的笑声）。而当巨人回来，禁止孩子们玩耍时，花园变得（寒冷而荒凉）。再当孩子们偷偷钻进花园玩耍时，花园里（草翠花开，增添春意）。而当巨人训斥孩子们后，花园被（冰雪覆盖）。当巨人受到小男孩的提醒，拆除围墙后，花园又成了（孩子们的乐园）。引导学生读书、思考、交流，整体了解主要内容。

（4）精读课文，进行听说读写多种训练，品读感悟。在初读感知的基础上，教师引导学生抓住重点词句、段落，进行揣摩、品味、理解、朗读、表演、探究等，把握重点、突破难点，受到情感熏陶，获得思想启迪，享受审美乐趣。这是教案设计的重头戏。

《巨人的花园》一课中的"四处逃散""四处逃窜"两个词不难理解，但表达效果不同。在教学中，教师给学生创设情境，让他们表演，而后以采访的形式让学生谈感受。学生通过演一演、说一说，真正体会到了文中孩子们的内心世界。教学中，要求学生结合刚才的学习，谈"花园变得寒冷而荒凉"的原因。引导学生感悟：气急败坏，十分生气，语气严厉，孩子们吓坏了，四处逃散（板书）。读出"气急败坏，十分生气"的语气后，请几个同学表演；教学"花园又被冰雪覆盖"的原因时，请同学把巨人又发脾气的语句读一下。引导体会：在训斥声中，孩子们四处逃窜（板书）。开始是"四处逃散"现在是"四处逃窜"。能联系上下文谈谈对这两个词语的体会吗？带着理解，老师请几个同学表演一下"四处逃窜"。老师扮演巨人。表演后采访学生：你为什么跑得那么快？共同体悟：巨人的自私、粗暴的言行，吓坏了孩子们。这样品词析句，重在感悟，重视展开过程。

（5）迁移练习，延伸拓展。在这个环节，或练笔，把所学习的知识、所形成的能力进行迁移、运用；或补充内容，拓宽学生的视野，提升学生的认识；或抛出与课文观点相左的内容，引导学生辩驳，升华学生的情感、认识；等等。

如在《一夜的工作》阅读教学课堂活动部分告一段落后，进行的第四环节是让学生以"一封发不出的信"为题给周总理写一封信，这时，学生在有了学习过程中的真切触动后，有多少话想对总理讲呀！心情多么激动呀！给孩子们一个提示，给他们一个表情达意的机会，他们会还我们许多的惊喜。再如，在教完《新型玻璃》一文后，让孩子去当"工程师"进行更新型的玻璃的设计工作，这也是激发孩子的创新意识的有益尝试。

（6）结课，布置作业。教学《献你一束花》结课时，教师配乐讲述：

作家冯骥才在写完这篇文章后曾经感言：每当看到从赛场上走下的那些失落的背影，我的心中就有一种莫名的难受。其实，他们同样也付出了艰辛与努力，用尽了汗水和力量，但是他们承受的往往比成功者还要多……从这一点上说，他们应该得到更多的鲜花与掌声！看来花理应呈送给凯旋的英雄，更应献给——黯淡无光的失败者！

此时，你一定也想对文章中的人物说些什么，请同学们回去后，拿出手中的笔，写下你心中的话语。

余音绕梁，让学生有所回味。

3. 教研组内的他磨

为了提高教师的教学技能而磨课，可以选择教学过程中的若干微技能指标来观课，如"提问""时间分配""教学方法""教学手段"等。进行观课分工，每位观课者都要明确自己的观课目的，进行细致的观课记录活动（笔录、录音、录像），及时捕捉有效信息进行记录，包括外显的和内蕴的教师教学活动、学生学习活动、教学实施过程的各个环节等。教学后，根据观课感受，反馈意见，帮助教师提升教学水平。

结合这位老师的磨课经历，下面就怎样进行有效磨课训练，提出以下建议，供参考。

1. 勇于挑战自己

俗话说，机遇与挑战并存，教师参与竞争活动必然给自己带来压力，困难和考验也会接踵而至。但有压力才有动力，克服困难才能发展，经受考验才能得到锻炼，并最终给自己赢得露脸的机会。很多老师现实中"缺点野心"：他们公开课不敢参加，教学论文不敢写，各种带有竞争性的活动不愿参与，还美其名曰"平平淡淡才是真"。其实，除了安于现状、不思进取，更重要的是他们缺少胆略。

这里讲的胆略指的是敢于担当的勇气。现实中，不少老师习惯于按部就班，以完成学校布置的任务为己任，不敢越雷池半步。按理说，每个人工作之初，都曾经富有理想和抱负，但是有人缺乏迈出第一步的勇气和胆量，因此一辈子平平庸庸，碌碌无为，更谈不上辉煌的瞬间闪现。胆略，影响教师一生。

有的人课上得很好，但就是不愿参加竞赛。从另一个角度来讲，是这些人"成全"了成功的人。在这个个性张扬的时代，不参加比赛，就难以"出人头地"，至少是你主动放弃了将自己的最好一面公开展示的机会。

人，天然有惰性。教师平时上家常课，一般能过得去就行，很少为准备一节课而日不甘食，夜不能寐。于是，可以利用的时间都流水般倏忽而逝。而磨课则不同，从决定之时起，大脑就开始高速运转，每时每刻都在思考如何上课，能利用的时间都利用了，还是感到不够，以至寝食不安，侧夜难眠。世界上一帆风顺的事情极少，绝大多数人都要承受生活的磨难。同样，要想成为名师，教师也必须经受苦难与磨炼。也许有人的成长过程看上去比较顺利，但是你没看见的是他背后超人的付出。如果想成为名师，就必须在自设的艰苦环境中磨炼，为自己设置障碍、规定目标，逼迫自己离开发展的舒适区。

须知，教师欲专业成长，须勇于面对成长中的疼痛。

2. 明确磨课目的

为什么磨课？绝不是仅仅为打造一节优质课。它的最终目标是你能上出更高效率、有自己独特风格的常态课。公开课不是表演课，教师可以多角度预设课堂生成，反复打磨教学设计，一次又一次课堂实践，但反复锤炼的是教师自己，切不可一拨学生多次试讲，甚至提前设置好"剧本"，师生共同"表演"。那样的话，师生都是木偶，哪有成长可言？

课堂教学能力涵盖的范围很广，一次磨课不可能面面俱到，有效磨课应当带着问题，设定一个比较具体的研究目标。如：如何创造性使用教材？如何开发课程资源？如何优化学习方式，实现课堂生生、师生互动？如何进行学习方法指导？如何创设教学情境？……

基于专题开展磨课研究，成效会更大。专题的选择应该围绕课堂教学展开，不应贪大，应尽可能以小的角度研究大的问题，围绕选题制订出切实可行的活动计划。

你必须放下包袱，认识到这是上课，不是选秀，跟你的服装、你的气质、你的长相，甚至你的为人等，关系不大。其实上课跟当电视主持人甚至歌手是一样的，关键看你的本事。

3. 重视阅读

"萝卜炖萝卜还是萝卜"，怎样才能让它发生质变呢？那就是在炖萝卜的时候加上肉。萝卜炖肉，口感和营养价值就大不一样了。做菜是这个道理，磨课也同样。如果一轮课上完，大家简单地评课、总结，执教者没有充电，草草去上下一轮，磨课的收效就很有限。反之，一轮课上完，执教者和所有参与者针对研究的目标和课堂存在的问题，有计划地去阅读相关资料，并结合课堂教学再做深入的研究，下一轮的磨课就会有质的飞跃。因为它已经不是"萝卜炖萝卜"，而是"萝卜炖肉"。正如一位教师深有感触地说："磨课的过程，同时也是笔者专业化发展的过程。为了磨砺这节课，我翻阅了大量的专业书籍和刊物，它们成为直接激发我磨课热情和创作灵感的源泉。"

可见观念决定思路，思路决定出路。阅读书籍、学习理论，最终目标是教师转变观念，提升自己的教育思想。

4.磨课中应伴随着思考

思之，思之，鬼神通之。磨课的核心是要提升，一次磨课，一次超越。那么怎样才能实现一次次的超越呢？这依赖于所有参与磨课教师的思考，尤其是执教者的思考。优秀教师李亚娜说："从选课、备课、制作课件到最后一轮又一轮的磨课，我真切地体会到一堂好课真的是来之不易呀！教学设计写了有十几份，为了设计好一个教学环节，我写了改，改了写，整晚地坐在书桌前反复思考，经常加班至深夜，这里面的苦与乐只有自己知道。虽然过程是漫长的，是艰辛的，但它将会成为我教学生涯中不可磨灭的一份珍贵记忆。"

整个磨课过程，全体研修成员应精诚团结，人人参与，积极行动。从磨课开始之日起就开始积极准备，严格按照"三次备课、两轮打磨"的操作方案执行，上课—观课—评课—议课—反思—总结，各个环节认真操作，有序开展。每位参与磨课教师专业的进步，都是全体研修成员思维碰撞的结果。一个思维的火花引燃另一个火花，一个教学点子的产生，触发更多教学机智的涌现。

5.磨课不能迷失自己

"众人拾柴火焰高。"集体磨课，集中了大家的智慧。评课者们集思广益，会提出很多有价值的建议；你查阅各种资料，也会找到很多珍贵的文本解读、思想指导等。它们如同指向不同方向的路标，在它们面前，你不能迷失自己。如一位经历磨课活动的教师在随笔中写有这样一段话："听了大家评课，我拿不定主意，晚上10点半，给于老师打电话，说出了自己的烦恼——我不会备课了，请她定路子。于老师很明确地指出：就按照你平日上课的路子来上，扎扎实实，不要任何花架子，不要受别人的影响，他们上的是复习课，你上的是练习课。记住：你只要上出来你自己的风格就好。于老师的几句话犹如醍醐灌顶，让我豁然开朗，就按照我平日的路子上，不学任何人。最终，我取得了成功。"这位老师的切身体会启示我们，"丧失自我"是很可怕的事情，因为真正的教学艺术都是个性化的。每个教师也都有自己的优势，这些优势是教师上好课的最好资源，关键是如何去发现、开发和利用它。

磨课作为一种研究教学、提升教师专业能力的好方法，现已经被广泛使用。但是任何事物都具有两面性，如果只重形式不重内容，只重次数不重实效，只重教师不重学生，磨课就会变成一次次的虚假的演练，变质为一种喧嚣的浮躁，那么最后它会走到磨课初衷的反面，这不是我们所希望的。

千年磨一剑，几时磨一课。无数名师的成长经历告诉我们：好课是在一次次的打磨历练中产生的。教师只有经得起一次次磨课的"痛苦"，才能实现教学能力的蜕变。当然你也要相信，痛苦与快乐是相伴的，世界上任何坚韧不拔的人迟早都会得到回报的。祝愿我们每个教师都能在磨课历练中迅速成长，早日加入名师行列。

第 12 章
在听评课中学上课
——听评课的方法与技巧

以较小的学习投入，取得较大的学习收获，这是每个教师在专业成长中共有的期盼。那么，有这种学习方式吗？有，那就是听评课。从战争中学习战争，在水中学习游泳，有效的教育思想和经验是在实践中形成的。

一、为什么重视听评课

为什么说听评课是青年教师课堂成长的好方法呢？先从一个案例说起。

听课评课伴我成长

辽宁省特级教师本溪市实验中学语文教师肖湘

三十多年的教育生涯，帮助我专业成长的学习方式很多，但听课评课确实是最好的一种。它使我的业务水平在不知不觉中提高，技能技巧在听评中产生，教研能力在听评中加强，教学理念在听评中升华。所以，我对它有着特殊的感情。

记得二十几岁的我，初为人师，没有经验，只有热情。我就如一匹饿狼，贪婪地向周围的同事学习。组里一位姓唐的长者的一节公开课，给我留下的印象极深。

他精神矍铄，声音洪亮："这节课，我们学的是《黔之驴》。课文里有一个活用的实词——'蹄之'的'蹄'，谁能说说'蹄'是什么意思?""'蹄'不就是动物的脚吗?"一位学生回答。"可是，我要问你们的是'蹄'在这里是什么意思，是驴忍不住怒'脚'之?"唐老师故意把"脚"字说得很重。

同学们都愣住了。唐老师这时笑眯眯地说："不知道吧?'蹄'在这里是名词当动词用，是踢的意思。不过，现在不用了，谁还能说'蹄'球?"说着，唐老师还伸出腿比画着……

课后，老师们评议这节课，都认为"活"是它最大的特点。

反思自己的教学，照本宣科，枯燥无味，学生又怎么能有兴趣呢?

"而立之年"的我，少了几分稚气，多了几分深沉。夏夜，我常常凭栏远眺，遥望群星闪烁的天空。

不久，我由郊区调入人才荟萃的本钢四中。我欣赏这里的运老师，他处理教材出奇制胜，风格独特。即便是传统篇目，他也常教常新，耐人寻味。他讲《皇帝的新装》一文，让学生看教材前面的插图与原文有关文字是否一致。几分钟的平静之后，教室里沸腾起来……

有的说："不一致，应该把皇帝画得赤条条的才忠于原文。"

反对者说："这样画虽然符合原著，但不堪入目，影响视觉卫生。不行!"

有的说："那就换个角度，画皇帝的背面总可以吧!"

反对者又说："还是不太文雅。"

这时，一位学生顿生灵感："我想好了，画皇帝的侧面。这样一来，既符合原文，又出了皇帝的丑，还不显得粗鲁庸俗。"……

老师们评价这堂课上得漂亮。运老师变换方式培养学生仔细阅读课文的好习惯及发现问题解决问题的能力，其设计安排匠心独运，大巧无痕。一个"趣"字概括了这节课的特点。这节课，给了我一个重要启示：一堂好课是教师用"心"上出来的，离不开对教材的深刻把握。只有将教材内化为自己的心理品质，上出的课才自成高格。

"不惑之年"的我，勤奋耕耘，壮心不已。记得两位教育家吕叔湘和张志公分别说过，语文教学关键在一个"活"字和一个"悟"字，诚哉斯言！教语文的老师多少要带点灵气和机智。直来直去，是教不好语文的。但什么都要讲究个度，玄天二地，海阔天空，学生"活"是"活"了，可成绩未必好。从某种意义上讲，课还是要上得"实"一些为好。"实"是根本，"活"和"趣"是在此基础上的升华。没有"实"，"活"和"趣"也只是无源之水、无本之木。这方面，实验中学白旭老师就做得比较好。她讲《春》，不是将活生生的美文肢解成许多知识点，更不是漫无边际地引诗比较进行渲染，而是实实在在地、自然而然地用美读演绎美文。她先让学生说说该用怎样的情感基调去朗读某段课文，再让他们根据自己的感知与体验找出这么读的依据，最后让学生对文中的字、词、句进行语气、节奏、情感上的比较揣摩，从中选择最佳读法。学生总结说，"钻"字要读得俏皮些，"嗡嗡地闹着"要读得欢快、充满喜悦之情。

老师们喜欢这样的课，评价上得"实"，学得来，易操作。

如今，我已步入"知天命"的年龄。近三十年的教学生涯，我不知参加了多少听课评课活动，觉得不论是普通老师还是专业学者，他们的课都有闪光点，都有启迪之处，从中也汲取了不少宝贵的经验。概而言之，就是"活""趣""实"三者结合，不可偏废。这也许就是我所追求的语文教学的艺术真谛吧！

从肖湘老师的体会中，我们清楚地看到听评课对教师专业成长是独具魅力的。

什么是听评课？所谓听课是听课者在课堂上的一种观察学习活动；评课是听课之后的教学延伸，是听课者对执教教师课堂教学的得失、成败进行评议的一种活动。

1. 听评课的学习优势

听评课是教师提高教学能力最经常、最便捷、最有效的方法之一。听评课是给自己找一面镜子。比较而言，它比其学习方法有更突出的优势。

（1）实践性强。听评课是一种学习活动，也是课堂教学的实践活动。与学校组织的理论学习、听专家报告相比，听评课更具生动直观性。教师身临其境，不仅兴味盎然，获得的信息也更为全面准确。

（2）兼收性强。海纳百川，兼收并蓄。听评课给教师提供了一个十分广阔的学习机会，可以向其他教师，尤其是名师学习，相当于给教师自己找到了一面镜子。"不识庐山真面目，只缘身在此山中。"教师亲自带班上课和坐在别人的教室里听他人上课，体会和收获是不一样的。有时，看自己的课，不容易发现问题，不容易突破自身的框框、模式。当教师以局外人的身份，去观别人的课，会有"旁观者清"的感觉，既可领略别人成功的妙处，又能吸取他们失误的教训。许多名师正是沿着听评课这条路快速成长起来的。

（3）启发性强。听课评课是建立在对课堂的观摩、评析上的，有很强的交流互动性。教师、教研员、名师、专家之间会有耳提面命的谆谆教导，也会因角度不同发生观点碰撞。教师自己如果能主动参与其中，认真倾听，发表意见，交流思想，它就是最好的学习方式。另外，听评课往往不是单一层次的，它会拉动读书、备课、说课、磨课、反思等系列研究活动。它承载着教者和学习者的教育思想、教学艺术、方法的现场交流与磨合。而这如工厂里的老师傅带徒弟一样，现教现学，出现问题可以最快地得到反馈与指导。

令人遗憾的是，我们一些学校的一部分教师却存在"关门教书""闭门批改"的情况，你教你的，我讲我的，各自为政，互不干涉。尽管他们每天早来晚走，工作勤勤恳恳，可是，教学效果总不理想，这自然在情理之中。

2. 为什么听评课会收获不大

上面的分析充分证明，在提高教师的专业成长方面，听评课有独特的优势。可是许多老师会说，听评课活动也没少参加，可"萝卜炖萝卜还是萝卜"，课堂教学水平没有什么明显的提高和变化。其实，症结不在听评课本身，可能与下面的因素有关系。

（1）缺乏专业引领，没能很好地掌握听评课的方法技能。名师课好，但不能悟到真谛，学的是皮毛。所以只是照猫画虎，或者兜圈子，学一阵子又回到原点。

（2）组织策划不到位，走形式，没有深度，教师没真正参与。听课时，应付差事，用心不专："开小会"，或改作业，或写教案。也有的教师仅把听公开课当作艺术享受，就像看春晚，图个热闹。

（3）重听轻研。盲目听十节，不如认真研一节。只听不研，哪怕听1000节名师的课也帮助不大，还容易迷失自己。

二、怎样的听评课更有效

1. 用心听评课

用志不分，乃凝于神。态度决定成败，听评课学习能不能有效取决于教师是不是用心。用心就有收获，不用心，什么事也做不好。把听评课当成负担，敷衍了事怎么可能有收获？

全国知名特级教师张祖庆深有体会地说：

初登教坛，我被分配在当时全县最艰苦的温岭龙门海岛。最先是学习身边有经验的老教师。在海岛那阵子，身边就有一位教材处理很是独特的江再法老师。只要一有空，我就钻进他的教室，听他的家常课。在这一天中，我先是根据听课记录，将江老师的教学过程，还原成教学设计，并写下自己的学习体会，列出A、B、C几个要点；之后，我再阅读阅览室的教学杂志及相关书籍，寻找这一课的相关资料。有了这样充分的准备，我再向江老师汇报我的听课心得，并谦虚地把自己的构思——其实是借鉴了很多资料——讲给江老师听。

再后来，有机会到杭州听课。左友仁、支玉恒、于永正、贾志敏、徐鹄、张平南、张化万等老师的课，让我大呼过瘾。我总是坐在舞台一侧，以最佳观课距离和视角，观摩名师上课的一举一动、一招一式。听课回来，我总是要上汇报课。于是，我成了超级模仿秀。学贾志敏老师点评的滴水不漏，学于永正老师表演的入情入境，学支玉恒老师设计的大气磅磋。有学得像的，也有学不像的。慢慢地，同事们评价我的课，有灵气，有风格。

我的课，渐渐由"疵境"过渡到"稳境"。

重庆市石柱县河嘴小学钟发全老师"把公开课当书读"。他说：

在我眼里，能上公开课说明都有两下子：写得一手漂亮的粉笔字，能说标准的普通话，在众目睽睽之下镇定自若等。这些都是我的软肋。所以，以前一谈到公开课，我就有"爱之深，恨之切"的感觉。为此，我无奈过、困惑过，但最终我做出了选择：善待公开课，亲近公开课，把公开课当书读。

把公开课当书读，首先是要选"好书"。作为乡下的教师，我们几乎没有机会亲临公开课的现场。于是，我就在一些教育网站上搜索名师的公开课来读，这使我受益匪浅。

把公开课当书读，必须眼、手、脑并用，边读、边记、边研究——记下名师精彩的教学片段，记下自己的体会和收获，记下尚需研究的问题。现在，我已形成习惯，研读了好的公开课以后，总会自觉自愿地写出一篇心得。每年，我都有十多篇这类文章见诸多家教育报刊。可以说，读公开课这本"书"，使我收获了很多，并获得了巨大的精神享受。

简单的招数做到极致，就是绝招。你看，把每一件简单的事做好就是不简单，把每一件平凡的事做好就是不平凡。张祖庆与钟发全两位老师听评课收获满满，取决于他们是真正用心地去听他们精选的每一节好课。

2. 抓住三个环节

一个人做好一件事，不仅要有认真的态度，也要讲究正确的方法。同样地，听评课不能仅仅靠感觉说话，它更需要科学的技巧和方法。有的老师听评课收获不大，就是与没有找到正确的方法有关。根据一些名师成长的经验，教师有效听评课，应该抓住以下三个环节。

（1）读课（学习吸纳）。

所谓读课，就是利用科学的观课手段，从不同的角度对一节课进行细致的剖析与品评。读课，需要我们增强听评课意识，从"翻烂一本经典，主攻一个专题，精研一位名家"入手，开阔自己的视野，吸纳别人的经验。读课要注意这样几个问题：

①有所选择。

听课也不是听得越多越好，如果随便抓一节就听，听得太泛、太烂，容易迷失自我，对自己的提高也是一种干扰。听得多，不如听得对；听得对，不如听得专。听评课要有选择：听对自己路子的课，听对自己有帮助的课。

②有所准备。

老师不能头脑空空地进教室，需要提前熟悉课标、教材，带着问题与任务去听课。比如：有位老师上《詹天佑》，因为课文内容多，结果上得支离破碎。课后反思，总觉得学生并没有在课堂上接受詹天佑这个人的伟大。那么这种长课文该怎么教呢？后来他就带着这个问题去听课。授课者为了把这篇长长的文章处理成一个整体，就创设了一个情境，让学生给詹天佑布置一个纪念馆，把詹天佑的事迹陈列在里面。通过这个设计，学生的的确确感受到了詹天佑的了不起。因为准备充分，所以他收获颇丰。

③学会观察。

听课者在课堂上，不仅要边听、边看，还要边记、边想。这是因为，对课堂教学的分析不能仅停留在对表面现象的观察上，不要被那些"表演课""花课"所迷惑，还需要透过现象去分析它的实质，才能做出正确的判断。例如，怎样才算启发思维？不能简单地看课堂上是否问问答答，也不能简单地看举手人数多少，主要看学生动脑筋的程度。这里不妨分析一下：如果问题刚提出，全班都举手，这能算启发思维很成功吗？很可能是提的问题过于简单了。相反，一个问题提出来，开始无人举手，但看得出来学生在思考，几秒钟以后，有的孩子脸上露出了有所领悟的表情，举起手来，渐渐地举的手多了起来，这才是一种最佳的教学效果。

通常课堂观察应做到四个关注。

一是关注目标。首先问自己：这节课的主要内容是什么？教材有什么特点？教学目标应该是什么？重点在哪里？难点是什么？对目标的观察要立足学与教两条纵线。

二是关注整体。一节课的整体内容与时间安排是否合理，是否前松后紧或前紧后松？这需要听课者对教学环节的时间安排做出定量统计。

三是关注细节。关注师生最精彩的场景，如教材处理、教学设计、问题提出与评价、小组学习等方面的亮点；也要关注教师遗憾、失误之处。

四是关注特点。注意抓教师的特点和风格。

④写好听课记录。

听课记录包括课堂纪实和评点两部分。听课做课堂记录时不只要记录课堂流程，更要随时把自己所关注和思考的东西记录下来，比如对某些概念的深入阐释，对难点的具体处理方式，对学生特定反应的应对等。边听边主动总结，注意把握整体框架，如主线是什么，重点和难点如何分布，高潮在什么位置以及怎样处理等。

⑤主动问课。

以提高上课能力为导向，抓住课中成功与失误的痕迹，捕捉教学中的生成因素。必要时向执教者问课，包括课前问、课中问和课后问，千方百计把自己所需要的有价值信息获取到。

⑥听听自己的课。

老师，你听过自己的课吗？听了自己的课是一种什么感觉呢？对自己有哪些帮助呢？下面华应龙老师的经历对你一定有启发。

1984年师范毕业后有一次上课，两名学生突然争吵起来。原来，他们在统计我说"好"字的次数上发生了争执：一位画"正"字，统计出说了38个，另一位已经默数到41。学生的争吵，引发我深思：怎样才能提高自己的课堂教学质量呢？我决定请录音机进课堂，听听自己的课，然后自己分析，苦练课堂教学基本功。

30多年来，我坚持听自己的课，自认为有价值的教学录音剪辑已灌满了整整 12 盘磁带和 3 箱光盘。当我从一名乡村教师，成长为在全国有一定影响的特级教师的时候，我总要由衷地感谢那台伴我多年的录音机。

听评自己的课的奇妙作用：

一是自省领悟。课堂教学复杂，我们教学中的问题，有些需要别人来指出，有些自己听课更容易发现。一位老师说："第一次听自己的课，我十分惊讶，讲课的声音怎么那么难听？学生的妙答，怎么竟然无动于衷？一些手势多余，过道里来回走动过多，等等，怎么有这么多的毛病啊！平时在课堂上感觉良好，现在看到的全是缺点。"

二是留足面子。偷偷改，减少被指导、被挑剔、被指责的次数。

三是助力反思。反复听自己的课，可以帮助你更好地反思。这是一个老师的体会："周四的一节课，悄悄地用手机录下来，回家后，我听了录音，羞愧至极：语言粗糙，不时夹杂着些不规范用语；语调平板，层次紊乱，讲述颠来倒去；不断重复，拖沓啰唆。难怪学生不想听、不愿听、不爱听。课堂驾驭能力显得那样稚嫩，40 分钟的分配，前紧后松。这录音如同当头一棒，远比上公开课时其他老师的评课来得深刻直白。我真需要反思、反思、再反思。"

（2）品课（内化积淀）。

听一堂好课，是一种享受；评好一节课，同样是一种享受。但是，只有会听、会评，才能品味到这种美好的滋味。优质的评课，不是对执教者评头品足，而是打破低效的平行对话之局限，发现课堂的无限可能，并从中汲取自己所需的营养。这就需要听课者从评课走向品课。

品课，是听课、议课的深加工。品课者需要像喝茶一样，只有细细地品味，才能真正地品出学科味道，品出教师的教学智慧，品出学生的灵动思维，品出课堂的文化。即真正从一堂课中汲取营养，补充到自己的血液中。

①明确品课内容。

方向比努力更重要，教师学会品课，首先应该明确方向，知道品课该品什么。通常，评析、欣赏一节课往往在这几项内容上下功夫：

·"品"教学思想（教学主张是否正确）；

· "品"教学目标（教学设计是否合理）；

· "品"教材设计（组织处理是否得当）；

· "品"教学流程（教学结构是否合理）；

· "品"教学方法（选择运用是否合理）；

· "品"教学素养（教学技能是否扎实）；

· "品"教学效果（教学目标是否达成）；

· "品"教学个性（教学风格是否显现）。

在实际听评课中，并不是每一次这八个方面都必须面面俱到，它只是为我们提供了听评课的抓手和关注点，我们可以根据具体情况有所取舍。既可以是"8品"，也可以是"6品"，还可以是"4品"，乃至是"2品"。

②揣摩消化吸收。

听课看内涵不看热闹。听课不是看电影看戏，它们只需欣赏，不用研究。听名家唱戏，没必要非得会唱戏。但是，如果你以听戏的心态去听课，你提升的，基本上是观课水平，不一定是你的上课水平。听课的关键是研课、品课，需要把别人的经验内化。一是精心揣摩，消化吸收。对课堂实况过几遍电影，翻翻听课记录，反复地琢磨，或与执教者交谈。二是把听别人的课与自己的反思结合起来，找差距：他做得好，好在什么地方？我做得差，差在哪里？

③梳理拓展提升。

有效品课还要课上课下上勾下联。即听课要与阅读课例结合，从网上查找这节课的课例，并搜索"互相牵连"的课例作比较；或写一篇"听课一得"，根据老师的教学过程，还原为教学设计，并写下自己的学习体会，列出 A、B、C 等几个要点。之后，再阅读阅览室的教学杂志及相关书籍，寻找这一课的相关资料。

教师要真正对课例做出正确的判断，必须借助新课程理念做分析。例如，某次教研活动，一些公开课引起了争议：专家评定为优秀课，教师却反觉一般；教师评价为好课，学生却感到乏味。原因在哪里呢？专家是全面评价，方方面面去总结；教师是侧面评价，看重教学效果；学生认准一条——这一课是否有趣。

那么，到底怎样去分析它是不是一节好课呢？学生的成功是课堂上最大的成功，教是为学服务的。学生对课堂的评价是最直接、最有说服力的。所以，让课堂活起来，让教学生动、有趣，是好课最重要的标准。因此，有人提出好课应是"三先三并重"，是有一定道理的。"三先三并重"的具体内容：学生为先，师生并重；过程为先，过程与结果并重；生成为先，预设与生成并重。

当然，在强调课堂应生动有趣的同时，也要防止浮躁的出现，要看授课教师在处理形式和内容上是否注意到"六重六不能"，即：重活用教材，但不能冷落文本教材；重自主、合作、探究，但不能淡化基础；重体验、感悟，但不能忽略接受学习；重过程教学，但不能忽略结果；重鼓励性评价，但不能乱用表扬；重学生的动态思维，但不能忽略学生的静态思维。

（3）创课（生成发挥）。

教师听评课后，如果没有自己的所得、生成与发挥，就毫无意义。也就是说，学别人一定要长出自己的东西来。所以，听评课一定要走完"创课"这最后一公里。为此必须做好这样几件事：

①模仿借鉴。

无论是人类还是动物，模仿借鉴都是最常见，也是最方便、快捷的学习方式。所以，教师听评课后可以试着去模仿借鉴，并在运用中体会其中蕴含的教学理念、教学规律，达到一种"浸润"。模仿不是丢人的事，模仿是创新的开始。没有谁天生会做老师，学习—实践—反思是一条重要途径，模仿是另一条途径。

②思考辨别。

模仿过程中一定要辨别：哪些适合我，就吸收保留；哪些不适合，就丢掉舍弃。也就是说，扬自己所长，避自己所短，将个人的特长自然融入其中。教师要寻找和自己的教学气质相契合的课，细细地听，一遍一遍地研究，从模仿开始，慢慢地走向创造。当然，对于已经进入成熟期或者风格形成期的教师，绝不可盲目学别人的课。

③找到自己。

想要走得远，必须寻找适合自己的路。听评课的最终目标是创课，即将特长、见解融入教学过程，生成自己独特的课堂。在创课方面，知名特级教师张祖庆有自己独到的做法，他在《追课：寻找自我》中写道：

经过反复琢磨，我觉得，我的风格应该承接于永正、贾志敏、支玉恒等大家。我应该在学习他们的教学艺术的过程中，逐渐形成自己的风格。

于是，我开始了"追课"之旅。

我像粉丝追踪偶像一样，锁定这三位名师的课，找来课堂实录、教学录像，反复研究。凡是有他们参与的教学观摩活动，无论公费还是自费，我几乎一场不落。

这几位名师的教学实录，我几乎每一节都抄过至少一遍——至今，我的书房里，还藏着近十本他们的课堂实录。有的课，我甚至能一字不漏地背下来。

研究他们的实录或录像，我有两个绝招。一是微格研究。从"导课艺术""问题设计""理答技巧""朗读指导""课堂激励""读写结合""结课艺术"等维度，归类研究，提取策略。二是还原研究。试着将名师的课堂实录还原成教学设计，再在教学设计的边上，写出设计意图。就这样，实录—设计—理念，一步一步逼近名师教学设计的内核。现在想来，研究名师实录的过程，实际上相当于练习书法的"读帖"。"读帖"久了，写字就有了心得。教书亦然。在研究的过程中，我渐渐积累了几百个经典课例或片段。几位名师的课堂艺术，仿佛移植到了我的身上。无论是家常课，还是公开课，我常常能比较好地驾驭。我深知，这主要得益于，我在研究他们的过程中，获得了"缄默的知识"（伽达默尔语）。这种"缄默的知识"，是教学能力很重要的组成部分。

从兼收并蓄的听课，到锁定目标的追课，慢慢地，我找到了自己。

三、评课的方法与艺术

盲目看十节，不如认真评一节。为什么许多教师参加听评课收获不大，"萝卜炖萝卜还是萝卜"？因为忽略了评课。看课指向感性认识，评课指向理性认识。所以青年教师参加听评课教研活动一定不要忽略了评课。青年教师参加评课活动应该注意这几点。

1.了解评课标准和内容

学会评课首先要了解评课标准和内容。我们千万次地问：什么样的课算是一节好课？一节好课的标准是什么？有什么特征？对于好课的标准，可谓众说纷纭，仁者见仁，智者见智。好课虽然没有一个统一标准，但应该有一个基本要求和特征。

评课时教师普遍感到无话可说，或者不知从哪说起。考察一节课的标准和特征，笔者愚见，可归纳概括为六个维度：

（1）看思想——教学主张正确（灵魂）；

（2）看目标——适切教材学情（方向，包括看目标达成度）；

（3）看内容——组织处理恰当（载体）；

（4）看流程——结构合理有序（骨骼）；

（5）看方法——选择运用得当（措施）；

（6）看素养——体现个性特点（风格）。

熟悉掌握这六个维度，评课时视具体情况可多可少。

2.掌握评课原则

特级教师薛发根讲过自己的这样一个体会："一次，我给一位青年教师评课，肯定了她的成功之处，又直言不讳地指出她所上《石头书》的不足——她误将文中的科学常识当成教学内容，语文课几乎上成了科学课。起初她很淡定，后来慢慢地低下了头，再也没有抬起来。事后，我很自责，尽管我说的是真心话，但无意中让这位老师很受伤。说真话也要看场合，千万不能忽视别人的感受。"从薛发根的体会中可见，评课时是需要讲究原则和方法的。

通常教师评课应该掌握这样几个原则：

（1）客观：对课不对人，说实话，说专业的话，不贬低，也不拔高，避免"精彩极了"或"糟糕透了"这种极端评价。以平常心，看家常课，不求全责备，不追求完美，不以一节课论英雄。

（2）具体：避免空洞。联系课堂实际，不面面俱到、泛泛而谈，不说正确的废话。

（3）条理：表述清晰，逻辑严明，简洁明了，有的放矢。

（4）深刻：见解独到，敢于谈自己的观点。最好采取对话式、体验式、互动式评课。

（5）策略：评课要客观公正，但也一定要讲方法策略，先说优点，再说缺点，最后说建议，成绩说透，缺点不漏，方法给够。

3. 掌握评课方法

（1）自我评析法。这是指教师对自己上的一节课通过自我体验与反思做出分析判断。通常好课有六种感觉：

①盼着走进教室，有种强烈的"发表欲"。

②对教材既把握全局，又抓住精髓，有居高临下之感。

③课堂轻松，不仅按预设环环相接，又有生成性的"神来之悟"。

④学生产生"共鸣"，如浴春风，聚精会神，学得主动积极。

⑤一下课学生围拢过来，问这问那，自己亦很乐意继续讨论。

⑥学生课后的作业令人满意。

有这六种感觉，虽不能说课上得有多精彩，但至少是成功的。

（2）优缺点总结法。这是指对一节课的优缺点做出判断，同时最好能提出改进意见与建议。如3+2+1模式，即总结出三条优点，两条不足，一条建议。（不绝对）

（3）特点分析法。一节课的教学特点，是执教者教学成功的闪光之处，又可能是他区别于他人的创新之处。评课者要发现它，捕捉它，总结它，抓住一节课执教者的教学特点和风格。如一位教师在《景阳冈》一课的评课稿中写道："听了这节课，我觉得有这样三个特点：教给方法，初知大意；抓大放小，略之有度；巧妙预设，多元生成。"

（4）片段评析法。这是指从一节课中选取一个片段来做出评析。这是在关注细节，一般是就比较精彩或者比较有问题的片段进行评课。

（5）以果溯因法。所谓以果溯因，就是评课者通过课的成与败、得与失，去探寻产生的原因，从中总结出规律性的东西。其流程是：判定效果—分析原因—找到规律。

四、重视写评课稿进行反思

写评课稿就是把听课评课的感悟写下来。评课不是简单的口头议论，而是对话、反思与梳理的综合过程。如果说评课是感性认识，那么写出来就是理性思考。说话和写作都是表达。但口头评课带有随意性、不确定性。写评课稿，将散乱的评课组织化、条理化，对听评课成果进行梳理沉淀，并加以强化固定。

1. 评课稿的内容

写评课稿的形式是多种多样的，不管哪种形式，评课稿的内容大体包括以下几个方面：

（1）教学原述。即简单介绍听课情况，例如讲课人、讲课主题和基本情况等。

（2）我的分析。评课人恰当对课的广度、深度及正确性做客观评析。

（3）我的反思。这是评课人结合个人体会谈收获。

（4）我的建议。这是评课人对备课如何改进提出自己的看法和建议。

2. 写评课稿的注意事项

写评课稿，应注意五个避免：

（1）避免空洞性。说正确的废话，即只说一些空洞的套话，如教学目标正确、教学内容合理、教学过程合适、教学方法恰当、教学效果好、教学基本功扎实，却不能举出具体例子，这样面面俱到，泛泛而谈，给人平淡无奇之感。评课应该以事实（数据）为根据，有针对性地品析，不说正确的空话、废话。

（2）避免枝节性。打蛇打七寸，评课也要抓要害和重点，如站在新课程的制高点上，引导参与者透过某些教育教学现象，总结经验，吸取教训，揭示教育教学的本质规律。如果评课只盯在讲课声音的大小、教态怎样、板书的位置等细枝末节上，触及不到根本问题，评课意义不大。

（3）避免主观性。在不了解教师真实想法以前决不轻易瞎点评。评课者不要以权威的姿态来评课，更不能用行政权力推动你的教学管理。

（4）避免绝对性。评课不能走极端，要么一无是处，要么十全十美，要摆事实讲道理。评课者要充分熟悉教材内容、课标要求，具体指出哪个环节好，好在哪；哪些环节出现了问题，什么原因，怎样改进。这样做才会使人心口折服。

（5）避免零散性。评课者要修炼自己的语言组织能力和表达能力，不能东一句、西一句，没有逻辑性，要在有限的时间里，做到思路清晰，表述流畅，有理有据。有的评课者没有自己的见解，照稿宣科，无法深入浅出，自己的体会不深，对别人的帮助不大。

下面介绍一篇评课稿：

朴素中蕴深意
——简评程聪慧老师执教《春望》
温州 23 中李苹

我们有幸聆听了程聪慧老师执教杜甫的《春望》，诗歌题目为"春望"，全诗无"望"，却处处写望；全诗有"春"，却处处无"春"。诗歌描写了唐朝安史之乱时期，长安城乱草丛生、残破不堪之景，传达了诗人念家悲己、忧国伤时之情。全诗情景交融，在景与情的交叉转换中，我们看到了一个忧国忧民的杜甫。聪慧老师很好地抓住了这首诗歌的文本特质，并结合了单元目标，分析了学情，把教学目标设置为：诵读诗歌，理解诗意；推敲关键词，理解诗歌内涵；体会诗人蕴含在诗中的家国情怀，把握诗人形象。聪慧老师把教学目标三定为教学重难点。

接下来，我主要从"教学流程"的角度说说我对这一堂课的感受。

我们学校推崇的是"二三六"课堂，我们语文组结合自身学科特点提出了"五化一体"教学模式，又针对不同课型发展出不同的操作模式。今天这堂课属阅读课中的教读课，教学大致分为这样五个环节：创设情景，扣标导入；依标读文，整体感知；扣标展示，掌握重点；围标联拓，突破难点；达标测评，固知培能。

1. 创设情景，扣标导入（3分钟）

这堂课利用歌曲《盛唐夜唱》导入，歌词典故无数，无论是金鼎、箜篌，抑或是飞天壁画，都是盛世唐朝的荣耀所在，用歌曲创设情景，让学生感受盛唐气象，和诗歌乱草丛生、断壁残垣的景象形成鲜明对比。这个环节不仅激发了学生的学习兴趣，更为实现教学目标一做好了准备。

2. 依标读文，整体感知（5分钟）

学生齐读诗歌，以问题"诗人望到了怎样的景象"为主线展开了教学的整体感知环节，并进行了小组讨论，同时反复地诵读诗歌，逐步实现教学目标一。

3. 扣标展示，掌握重点（31分钟）

在这个环节中，程老师首先紧承感知环节，让学生展示了对诗歌的初步理解，然后抓住重点词"国破""草木深""花溅泪""鸟惊心"等，适时介入资料，指导学生朗读，让学生借助联想和想象描绘残破不堪之景，引领学生深度理解诗歌内涵，逐步实现教学目标二。

其次，程老师以问题"杜甫所望见的长安让他深感悲痛，他有没有在诗中提到自己想望见却不得的"引导学生深度思考，并抓住"连三月""抵万金""更短""不胜"等词，创设"捎信"情境，助学生理解诗歌内涵，体会诗人蕴含在诗中的家国情怀，逐步实现教学目标三。

4. 围标联拓，突破难点（超时4分钟）

为了帮助学生理解诗歌内涵，程老师打破了传统的"单一联拓环节"，适时地在多处进行联系拓展，并以问题"为了国家、人民，身处乱世的诗人，到底做了哪些努力"过渡，适时介入资料，让学生感受诗人"忧国忧民"的情怀。突破难点：体会诗人蕴含在诗中的家国情怀，把握诗人形象。

5. 达标测评，固知培能（超时1分钟）

"我们的语文书上没有本诗的插图，如果你是编辑，你会选择哪张图片?"程老师以选择插图的形式，检测学生对《春望》这首诗歌的内容及内涵的把握，对诗人家国情怀及忧国忧民形象的把握情况，形式巧妙而新颖，值得一赞！遗憾的是，因时间关系，这个环节变成了以作业的方式呈现。

总之，程老师这堂课五个教学环节均以教学目标为中心，清晰流畅，环环相扣，看似逐联赏析，朴素平常，但细细品来，却深意犹存。在五个环节的背后，那是学生对诗中景物、诗人情感、诗人形象的逐层认识，这是架构整堂课的逻辑支撑，同时也符合学生的认知规律，学生的思维品质随着课堂的深入在逐渐地加以提升。我想，这是我们的语文教学应该注重的。

当然，每一堂课都是有遗憾的，这堂课最大的遗憾就在于时间分配，前面的环节花去太多时间，导致后面的环节无法更好地呈现；另一个不足是课堂开放性还不够，"先学后教""教为学服务"体现得不够，这也是今后我们语文组老师要共同思考的问题。

他山之石能攻玉，教师与听评课为伴，能让自己的课堂教学能力提高得更快，课堂教学走得更远。

第 13 章
让吃一"堑"真正能长一"智"
——怎样有效做教学反思

　　青年教师走上教坛怎样才能让自己越教越聪明，越教越开心呢？有一把金钥匙不能不用，这就是：教学反思。走两步，回头看一步，让吃一"堑"真正能长一"智"，使第三步走得更踏实、更有效。

一、教学反思是专业成长的法宝

　　有些青年教师看了特级教师袁瑢老师的公开课以后特别折服，向袁老师请教教学秘诀。袁老师说："我同你们一样，没有什么特别的地方，说有什么'秘诀'，那就是勇于实践，勤于总结……上完一节课或教完一篇课文之后，应该坐下来回想一下，写点教后感，写一得之见，记下疏漏之处。有经验的教师之所以有经验，我想就在于他们善于在教学实践中不断总结，不断探索，在总结和探索中积累成功的经验，抛弃违反规律的东西。"

　　活跃在教坛上的大师们，其实也都是反思的高手：窦桂梅的《秋天的怀念》的开篇九易其稿，王崧舟的《二泉映月》《只有一个地球》三个版本截然不同，靳家彦的《陶罐和铁罐》常上常新，这都得益于他们高超的反思能力。特级教师于永正曾为自己做过这样的注解："如果说我这个人还有一点灵性的话，重要的有三条：一是我的脑子反反复复地琢磨；二是我会唱京剧，可以'凿壁偷光'；三是我会经常反省、否定、超越自己。"

　　可见教学反思是一种聪明之举。正是沿着这条看似平常，但又不平常的路，走出来一个个出类拔萃和教绩显赫的优秀教师、特级教师、教育专家。如果教而不言、思而不写，必将行之不远。

二、怎样理解教学反思

1. 什么是教学反思

教学反思是指教师从事教学实践后回过头来思索过去自己做过或经历过的教学活动，从中总结经验教训，指导今后的工作的过程。一节课后，或一点经验，或一丝启发，或一则教训，或一例疑难，都一一记下来，积铢累寸，这些宝贵的资料、信息、思考，将会给日后教学以莫大的帮助。

"纸上得来终觉浅，绝知此事要躬行。"怎样使自己成为一名好教师？你可以从读书中得来一些经验，你也可以从同事那里"偷"来几招，你也可以从师父那里得到指点……但这些都是间接的，或者说是很有限的，一个教师的真正成长更重要的是靠自己去感悟。一名好的教师，一定要在自己的教学过程中，不断地反思，不断地总结经验，不断地发现问题，不断学习新的东西，改进自己的教学行为，才能逐渐成为一名优秀教师。

叶澜教授说："一个教师写一辈子教案不可能成为名师，如果一个教师写三年教学反思，就有可能成为名师。"对教师成长来说，最重要的有两条：一是对外学习吸纳；二是对内总结反思。一个教师仅仅满足于获得经验而不对经验进行深入思考，那么即使有 20 年的教学经验，也只是一年工作的 20 次重复。教师否定自己是痛苦的，但是有时只有敢于否定自己，才可能超越自己，创造一个崭新的自我。

实践和反思是教师成长为名师的两大法宝。一项调研结果显示，81.8% 的教师经常反思每一堂课、每一个教育环节，不断总结和提炼经验。同时，87.9% 的教师经常反思所学新知识、新理念或新方法背后所蕴藏的价值和意义，他们不仅重视知识的记忆、理念的传承或方法的移植，同时也能在自己思考和追问的基础上付诸实践。进一步的访谈结果显示，所有的教师都提到了"反思"和"实践"这两个关键词。如有的教师提出："读书是吸纳，读己是反思。对教师而言，读书、实践、反思，缺一不可。反思之后要实践，实践自己的教育理念，也要实践国家的最新政策和要求。"有的教师则提出："应反思自己的教学，反思自己的教育教学理念，反思自己的目标。"

2. 教学反思的内容

教学反思的内容是广泛的。比如从教材解读与设计、教法与学法的选择、课堂细节的处理等层面去反思。又如从日常教学上去反思：这节课，我投入激情了吗？对教材的解读，有更恰当的角度吗？这节课的教学目标合理可测吗？这节课中最难忘的一个细节是什么？这节课最大的遗憾是什么？如果重新来教这节课，哪个地方最值得改进？这些反思的深度，决定着教学所能达到的高度。

教学反思通常包括"五思"：一思教学效果如何；二思教学的收获是什么；三思教学失误在哪里；四思如何去改进；五思教学中有哪些创新之处，摸索出了哪些教育规律。

通常，比较有效的教学反思分为下面的五部曲：

（1）我遇到了什么事情？

（2）这件事的过程是怎样的？对问题、失误、困难等进行反思，分析产生的原因，即弄清哪些做法是不适当、是低效的甚至是无效的，为什么会是这样。

（3）我从中得到了什么启示？包括通过教学反思发现了过去未曾注意到的问题或教学中更深层次的问题。

（4）我的做法（教法）是否符合教学原理？是否符合学生的需要？

（5）今后该怎样做？在总结经验教训的基础上构想下一步的工作，知道发扬什么、纠正什么、改进什么、加强什么，即设想出新一轮教学工作的思路。

3. 教学反思的种类

教学反思的种类和方法是多样的。如从时间看，有课前反思、课上反思、课后反思。从反思内容看，可以有备课反思、教学方法反思、教学评价反思等。在反思策略上，既可以对整体内容进行反思，又可以对重点内容进行反思，如抓住亮点进行反思、抓住重难点进行反思、抓住盲点进行反思、抓住疑点进行反思。在反思的方式方法上，既可进行自我反思，也可请教同行或专业人员帮着反思。在操作上，既可口头反思，也可进行书面反思。

4. 教学反思存在的问题

为什么教学反思在一些教师身上有效，在另一些教师身上效果并不明显？这与教学反思存在一定的误区有关。

（1）不愿反思。教师认识不足敷衍应付。一些教师把写教学反思（课后记、教学随笔等）当作负担，为应付检查而写反思。

（2）形式反思。教学反思不到位，有的教师的教学反思中心和主题不突出，泛泛表层化，不深刻，或者重教师而轻学生，或者多叙事而少分析等。

（3）不会反思。教师缺少指导。许多教师不是不想写教学反思，而不知怎样去写教学反思。结果是教师时间精力投入很大，但是学习收获却不大。

（4）过度反思。学校要求得过多过频，写反思成了教师们的一种负担，苦不堪言。

（5）强制反思。学校强制多于自主，忽略教师的实际需求和个体差异。

三、有效教学反思的方法

通过上面的分析可见，教学反思也是一把双刃剑：反思得好，有用有效；反思得不好，无用还增加负担。那么怎样做有效的教学反思呢？特级教师贲友林在《十年反思的力量》的讲座中谈了自己进行教学反思的做法：

反思教育生活，就是针对自己每天在教育生活中的所说、所做、所想等点点滴滴，扪心自问：为何得意？为何失意？为何困惑？为何争议？反复琢磨：有效吗？合理吗？还可以更好吗？并且，把行动的过程与思考的内容用文字记录下来，如果仅仅是一"想"而已，那么实践与思考将如同过眼云烟。内隐的思考经过书面化之后，不仅条理更加清晰，而且促进思考的持续与深入。这样，我们每天走进校门，不再是"凭着一张旧船票，登上你的客船"，不再是"重复昨天的故事"。

记录要有"我"的视角。我记录课堂的亮点，既有预设之中的精致，也有即时生成的精彩；记录课堂的败笔，既有教师的不妥不当，也有学生的失误错误；记录课堂的意外，既有难以预料的遗憾，也有至今仍存的心结。其实，在课堂中，亮点、败笔、意外，彼此交错在一起，根本无法把他们截然分开。面对亮点，我欣喜若狂过；面对败笔，我懊悔沮丧过；面对意外，我茫然无措过。然而，伴随着思考，我的内心渐趋平静，行动增添了理性。我知道，课堂的精彩，可以预约，又不完全是靠预约；课堂的遗憾，可以避免，又不能完全避免。遗憾，体现了课堂的不可复制，反映了课堂的真实，激励着我对精彩课堂的不懈追求。

我常用的格式就是"纪实＋思考"。纪实，就是真实地记录我的原生态的课堂教学实践与当时的想法，记录时不加工、不修饰。做了什么，就写下什么；想了什么，就写下什么。我写的教学手记一般是不公开的，不会放置于网络中与别人共享。我的想法是，如果我把这些文字公开，那么在形成文字的过程中，一定会顾虑到别人看了我的这些文字会怎么想，"公开"所带来的压力会屏蔽我的一些真实想法。因为不担心"他人的目光"，所以我在教学手记中真实地暴露自己，或者说，是将自己潜在的想法都外化成文字，往往不求系统、全面、深刻、正确，而是凭借直觉、第一想法，有时简短得也就一句话。反思，有话言长，无话语短。

我以为，用文字记录自己的实践与思考，要真情、真切，多一些朴素的行动，多一些纯洁的思考。行动思考，不是"作秀"之举，不能人云亦云。也就是，做自己的事，说自己的话，写自己的想法。我总是力求反思过程中不出现"失语"：一是无话可说；二是心中有话，却说不出来，如谚语所云，茶壶里煮饺子——倒不出来；三是能说也正在说，但说的都是别人的话，没有自己的东西。我更注意防范让反思陷入浮躁与尴尬之境：浮躁于观念、思想层面的趋之若鹜，尴尬于实践、操作层面的曲高和寡。

写着写着，我也就形成了一些个人的做法与想法。我的教学手记大多是分两次写成的。第一次是在刚下课的时候，在教室里，用简要的文字记录学生课堂中的精彩表现，为之后以追忆的形式描写课堂场景留下线索，这对于学生来说，是公开的。第二次是课后回到办公室或家中，比较翔实地记录学生的失误与错误，这对于学生来说，是保密的。为何如此？我在《我写教后记：一半"公开"一半"保密"》中阐述了我的思考。

从2002年2月27日开始，我坚持每天在上完课之后就写。每次，或几十字或几百字或几千字，无论繁忙与悠闲、疲惫与轻松。这是我给自己布置的作业，这是我给自己选择的路径，因而从不让自己停歇一步。这一路，充满了情感上的焦虑、认知上的挣扎、意志上的动摇。我知道，只需找一个借口，有一天不写，那就会有第二天、第三天……什么决心之类早就抛到九霄云外去了。坚持，需要"法布尔精神"！

反思，不是一次性的挑战，需要长期坚持；反思需要经过"提炼主题、梳理思考、挖掘细节、经营文字"。我的感受是思考与行动是互动的！

贲友林老师的做法和体会对青年教师是有帮助的。通常，要想有效反思，应该掌握这样几个方法和策略。

1. 要重视动笔写

怎样进行教学反思？贲友林老师的做法是重视动笔写，即拿起笔记录。重视动笔写有什么好处呢？

第一，能真实地记录身边的世界，记下那些有价值的东西，不会让过去的思想火花，随着时间的推移而淡忘成模糊的记忆。

第二，写的过程正是提炼教学思想经验的过程。

第三，提高研究能力。写作是推动读、思、做的最有效方法，特别是有些教学反思材料，既是反思的成果，同时也是一种研究成果。

动笔写都写什么呢？

（1）写教学不足与感悟。即使是成功的课堂教学也难免有疏漏失误之处，对它们进行系统的回顾、梳理，并对其做深刻的反思、探究和剖析，使之成为一种经验，不断积累会使今后的教学更上一层楼。

（2）写课堂应变机智。课堂教学中，随着教学内容的展开、师生的思维发展及情感交流的融洽，往往会因为一些偶发事件而产生瞬间灵感，这些"智慧的火花"常常是突然而至，若不及时利用课后反思去捕捉，便会因时过境迁而烟消云散，令人遗憾不已。

（3）写学生创新。在课堂教学过程中，学生是学习的主体，学生总会有"创新的火花"在闪烁，教师应当充分肯定学生在课堂上提出的一些独特见解，这不仅使学生的好方法、好思路得以推广，而且对学生也是一种赞赏和激励。同时，这些难能可贵的见解也是对课堂教学的补充与完善，可以拓宽教师的教学思路，提高教学水平。因此，将其记录下来，可以成为今后教学的丰富材料养分。

（4）写"再教设计"。一节课下来，静心沉思，摸索出了哪些教学规律、教法上有哪些创新、知识点上有什么发现、组织教学方面有何新招、解题的诸多误区有无突破、启迪是否得当、训练是否到位？及时记下这些得失，并进行必要的归类与取舍，考虑一下再教这部分内容时应该如何做，写出"再教设计"，便可以做到扬长避短、精益求精，把自己的教学水平提高到一个新的境界和高度。

动笔写，还可以撰写教育博客、教育随笔、教学日记、读书笔记、教育教学故事等。

2. 要真实朴素扎实

朴素才能真实，真实才会有力量。教学反思最忌满篇官话、套话，脱离自己的实际，或者为了应付检查，从网上下载一些别人的资料七拼八凑。这样的教学反思是没有什么用处的。贾友林老师的教学反思为什么很有效？就是因为他的朴素真实。他说：我常用的格式就是"纪实＋思考"。纪实，就是真实地记录自己原生态的课堂教学实践与当时的想法，记录时不加工、不修饰。做了什么，就写下什么；想了什么，就写下什么。分享一个案例。

为什么学生给讲就明白了
王彦军

1.纪实

"头疼啊！为什么他还不会啊？"昨天的题目，课堂上讲了，又给他辅导了两遍，还没有学会。正发愁着呢，班长来交作业了，随口跟他说："你帮助帮助张三同学，教教他昨天的题。"自己这么说，但是没有抱多大希望。过了一会儿，张三同学来交作业，我一看题目全做对了，自己有些诧异，这么短的时间，就全做对了，不会是抄别人的吧？于是，又出了几道类似的题，让他在我跟前做。嘿！还真做对了。我问他怎么做出来的，他说：班长教的，班长给我一讲，我就明白了。怪了，老师讲不会，学生讲倒明白了。

后来想想，自己也就明白了，学生之间的思维更接近，更有共同语言，老师讲不清楚的，学生讲反而很简单了。这个方法是不是可以推广呢？后来在课堂上，我有意让学生扮演老师的角色，如：在推导平行四边形面积计算公式时，我让王同学试讲，他一登上讲台，像老师一样镇定，拿着事先准备的教具，在黑板上画画比比，又是剪切，又是拼图，讲得有声有色，神气活现。于是乎平行四边形面积公式的来由在同学们的脑海里一次次浮现，整堂课教学气氛十分活跃，师生交流、生生交流非常突出，同学们听得认真，学得积极，教学效果出奇的好。与此同时，我将这一活动延伸到了课堂外，比如在家中，家长不再是知识提供者的身份，而是让学生当"老师"，家长则充当"学生"。学生预习知识后，把自己学习到的东西，教给家长，极大地调动了学生学习数学的积极性和主动性。

2.反思

让学生当"老师"的优越性：

（1）调动学习积极性。学生对教师这一职业有着美慕和向往，为了使自己能够上台表演，他们往往在台下狠下苦功，暗暗使劲，这样就使得学生对数学学习的积极性不断被调动起来。

（2）增强学生的自信心。学生在教师的鼓励下，提前备课，提前做好讲课的准备，虽然他们讲的内容较为简单，但通过"教师"角色的锻炼，他们都认为自己很了不起，感到十分满足。这大大增强了学生的自信心。

3.要有一定的高度和深度

反思贵在思，真正做到追问自己，追问事情原因与结果，寻找规律，并提出解决问题的措施和方法。

反思一定要大气，能有一定的高度和深度才更有效。如特级教师王木春的教学反思就很值得学习借鉴：

尝试换一种自己喜欢的教育姿态

首先我想说，老师也是普通人，每天站在讲台上，面对一群个性鲜活的学生，面对千变万化的课堂，挫败感是无可回避的。那么，怎么办呢？我的看法是，尝试换一种自己喜欢的教学姿态。

比如我，初登讲台的三四年，激情满怀，带着一股初生牛犊不怕虎的架势，从不为教书的事儿犯愁，第一届学生高考，成绩也比较好。这时，我不由得踌躇满志起来，以为教书不过尔尔，小菜一碟。又过了三四年，自己迈向教室的脚步渐渐变得沉重，有时竟无端地害怕走上讲台。甚至在某一天，突然发现，自己几乎不懂得如何上课了，对教学失去方向感，丧失自信心，虽然学生会依然如故地端坐着听讲。这种情况不是简单的职业倦怠可以解释的，因为我并不厌倦当教师，而是我开始不满意自己课堂上那种单调乏味的表现。

那段日子，我考虑过逃离这让我力不从心又沮丧的职业。许多年后回想起这段经历，我才明白，那些年我一个心眼儿扑在应试上，不读书、不思考，上课就冲着高考的目标而去。对学生而言，为了高考成绩尚可忍受一两年，毕业后也就逃出魔掌了，可这种年复一年的、近乎"机械运动"的上课方式，对我，却像泰戈尔所说的，简直是"无边的劳役海中的／无尽的苦役"。

后来我琢磨着：不管怎么教学，只要我不偷懒，学生成绩总不会太差，为什么不按照自己喜欢的那种方式，主动在课堂上试着做点改变呢？如此一想，内心敞亮起来了。我的课堂开始变脸：除了讲课本，我给学生读文章、介绍书，让学生看电影、演剧本、讨论时事、交流读书心得，等等。从此，我的语文课不再是让人也让自己望而生畏的"苦役"。可以说，借助课堂的一点点改变，我解放了自己，也解放了学生。

也许，有的年轻老师目前的低谷状态正跟我当年如出一辙。那么，你不妨像我一样，反省并尝试改变课堂，换一种自己喜欢的教学姿态。

不过，这只是我教书生涯中的第一次受挫和迷茫。实际上，20多年来，我时常要面对类似的挫败感、无力感以及各种各样的困惑。

挫败感蕴含着对工作的责任、对自我的期许

2011年，我任教高一年级一个普通班。已经16年不接触这个层次的学生了，原本有些驾轻就熟的教学，突然之间，再次变成一种挑战。

有一次，上一篇我很喜爱的课文，在重点班，师生发挥得淋漓尽致，可到这普通班，整堂课竟然彻头彻尾就是一个词——失败。当然，问题不出在学生身上，而是出在我身上。我忽略了他们的能力和基础，竟然一厢情愿地按既定的教学计划推进，结果便可想而知了。这是我教书20年来最丢脸的一节课。当天傍晚走在校道上，远远望见这个班级的学生，羞耻心逼我低下头，绕道而逃。说实在的，我不敢去迎接学生可能投来的鄙视的目光。好在我"知耻而后勇"，以后上这班级的课，格外用力做准备，课后多跟学生交流，后来情况大有改观。

我说这么多，无非告诉大家，挫败感乃教师职业的"家常饭"。从未有失败体验的老师，或者是超级神人，或者是缺乏自省意识的麻木人。我

想，我们绝大多数的老师，都不属于这两类人，于是才常常有自我纠缠与自我考问的烦恼。好在这些情绪，无论是苦闷、困惑，还是我认为的挫败感，都不全是负面的东西。它们蕴含着积极的元素，那就是我们对教育的不绝望，对工作的负责，以及对自我的期许。

四、教学反思应注意的问题

有效教学反思，应该注意以下四个问题：

1. 及时

教学反思不宜拖得时间太长。时间拖久了，一是真情实感容易淡化，智慧的火花也容易消散，甚至捉也捉不回来；二是想记录的有关事实材料也容易淡忘，尤其是有些事实如果记得不准确就没有意义了。教学反思最好是下了课或当天晚上来做，有了时间就写。

2. 精要

写教学反思不宜写得庞杂冗长，事无巨细面面俱到。一是教师的工作比较繁忙，备课、上课、批改、处理班务，时间有限，不可能用大块时间集中力量去写。二是大多数情况下没有必要长篇大论。它要一得之见，靠点点滴滴的积累，集腋成裘。它可以对一堂课或一课书的整体内容做分析探讨，但更多的是对一个提问、一次建议、一个词语、一个符号，甚至教师一个手势、一个眼神的运用等做记载和探讨。

既要节省时间，又不能写得太长，因此教学反思就要抓精要，抓重点，选好角度，尽可能地通过较小的投入取得较大的收获，把时间变成金子。

3. 升华

把教学反思中对教学活动的观察、记载、积累仅仅看作是感性认识，这是远远不够的。要发挥教学反思的教学指导作用，就必须上升到理性认识。一方面教师要借助于教学理论，带着问题去看《教育学》《心理学》等书籍，从理论中找答案；另一方面要经常地深入到学生之中去，征求学生的意见，然后对教学反思中的材料进行概括、归纳、整理和加工，使其系统化、理论化。

4. 持久

有的教师刚开始写教学反思时兴致勃勃，但过不了几天就放弃了，没能形成习惯。华罗庚说："治学问，做研究工作，就要持之以恒。"写教学反思绝不能一曝十寒，高兴时写一点，忙时抛一边，那是不会成功的。教学反思，贵在及时，贵在坚持，贵在执著地追求。一有所得，及时写下，有话则长，无话则短，以写促思，以思促教，长期积累，必有"集腋成裘、聚沙成塔"的收获。教学反思，只有锲而不舍，持之以恒，才会见成效。

成功是逼出来的。没有压力和动力的水，只会成为一滩死水。人也是一样，没有压力，潜能就得不到开发。如果你不逼自己一把，你根本不知道自己有多优秀。一个人，想要优秀，必须接受挑战。

教师吴樱花说：

舒适容易让人迷失方向、消磨意志。青年教师有热情有活力，要保持创造力，就要让自己跳出舒适区，突围改变。

从教30年来，我看到不少青年教师三年师徒期一结束，专业成长就基本停止不前。除了向题海战术要成绩，教育教学类书籍很少阅读；除了为评职称而拼凑赶写的论文之外，艰于动笔。但也有一些青年教师，他们迷恋教学、迷恋成长，善于把压力化为动力，把任务作为机遇，全力以赴挑战自我。而机遇总是青睐有准备的大脑。

如果我有什么经验需要跟青年教师分享的话，我认为坚持写教育随笔是最重要的。

为了寻求改变，我从工作第六年开始改教语文。从研读教参开始，到阅读教育经典，从语文教学，到班主任工作，我以自己稚涩的文笔坚持写教育随笔，坚持 10 年每天写 1000 字随笔。幸运的是，我感觉到了生命的拔节，对教育的理解也发生了质的变化。

　　青年朋友，拿起"教学反思"这把力器逼自己一把吧，或者坚持写点教育随笔，让课堂每一次的吃一"堑"真正能长一"智"。这样一来，你的课堂会因教学反思而更精彩！

第 14 章
越忙的人时间越多
——教师运筹时间的艺术

立足于终身学习，教师一定会遇到一个绕不过去的"坎儿"——忙。一位教师说："忙，忙，忙，忙得皱纹披上额头，忙得人老珠黄。又是一个星期一，又是一周繁忙的开始，现在上两个班的数学课已不是我的主要任务，我的时间主要花在 162 班的班级管理上，每天都有忙不完的事，现在我不可能还有午睡的美事了。什么看电视、打乒乓球、看书等，都与我无缘了……"可见在专业成长中，教师经常会遇到学习与工作、生活发生矛盾。那么，教师就没有克服工学矛盾的办法吗？我们来看一下贲友林老师的做法。

做一个不忙碌的老师

有人问：老师，你忙吗？回答是干脆利落的一个字：忙！再问：忙什么呢？对这个问题的回答，说法就很丰富了。有老师说，我每天忙备课、上课、批改作业、辅导学生，还有忙不完的检查、验收、评比、考核等那些杂事。能说出这些，相当不容易。因为还有老师如是说：每天瞎忙。另一个我听到的回答更值得玩味：我知道我忙什么，我就不忙了！对后两种说法，很多老师也都认同。的确，相当多的老师忙忙碌碌，从早上上班忙到下午下班，从开学忙到学期结束，从满头黑发忙成两鬓斑白，就这样，一天又一天，一年又一年，一辈子过去了，最后留下了感叹与追问：时间都去哪儿啦？

面对忙碌的现实，我们需要思考。有老师说，我太忙了，没时间思考。而我想说，因为你没思考，所以你更忙碌。缺乏思考的忙碌，犹如疯长的野草，如果熟视无睹、不求改变，将在习惯的支配下蔓延。

前段时间，办公室的同事很好奇地问我：怎么看不到你改试卷的呀？我说，改完了。他们纳闷了，没看到你改呀？我告诉他们，平常教学过程中的形成性测试，我们班考、评、改，一气呵成。具体的操作是，一场考试时间若是80分钟，我会提前10到20分钟结束考试，同桌交换试卷，每位学生将考卷上觉得需要评讲的题目提出来，就这些题目，教师组织全班学生分析、讨论。而试卷上的那些全班学生觉得不需要评讲的题目，快速核对一下答案，同时同桌间互批。之后，教师收齐试卷，具体看一看每位学生的错误所在，就全班集体性的错误再组织研讨。试卷发给学生订正，教师面批。这样，同事在办公室里就看不到我埋头于试卷堆了。

再想想：我们以往怎么做的呢？考试、批改、评讲、订正、再批改，程序井然，但老师费时费力。而我那"偷懒"的做法，效果却比传统"勤劳"的做法要好。考完就评讲，学生听得特别专注。订正后的面批，更具有针对性。改变，源于思考。思考，又带给我们改变的动力与方向。

改变，需要我们用情、用力，还要用心。生命的成长，是不断新陈代谢的成果。唯有改变，才能让我们的日常教育教学生活充满生机与活力，让我们感受生命的向上与蓬勃。

因为改变，"视界"不同，世界也就不同。

贲友林老师的做法启示我们：赢得时间的人，才是最大的赢家。怎样才能赢得时间，"做一个不忙碌的老师"？贲老师独特运筹时间的技巧让人叹服，而这来自他面对忙碌的思考。看来合理地运筹时间，是需要我们潜心研究的，这里面大有文章可为。所以，教师学会运筹时间，有效利用时间，让工作、学习、生活在紧张而有序中进行，是保证有效学习的关键。

什么是时间？时间是物质存在的一种形式，是由从前、现在、未来构成的连绵系统。正如列宁所说："运动着的物质只有在空间和时间内才能运动。"这就告诉我们，世界万事万物的运动都离不开时间。人最宝贵的东西是生命，而构成生命的单位是时间。

时间的特性：

（1）相对性。人的一生究竟有多长？请看下面这项统计：假如一个人活了80岁，那么他在地球上生存的时间是29200天，4204.8万分钟。表面看来这些时间很多，但它们并不都是属于你能有效利用的。扣去睡眠、休息、走路、吃饭等的时间，真正用于有意义的工作、学习，乃至娱乐的并不是很多。难怪古人有"光阴似箭，日月如梭""一寸光阴一寸金"的至理名言。珍惜时间就是珍惜我们的生活。

（2）恒定性。表现在三个方面：

一是不可逆转性。有进无退，一去不复返。

二是不可伸缩性。它属于每一个人，无论对谁都没有一点偏袒，一分一秒都不能伸缩。

三是不可贮存性。任何人既无法阻止它的流失，也无法贮存。

时间的这三个特性告诉我们，时间是恒定的，任何东西都无法改变它的本质，只能根据它的特点和规律去合理、有效地利用它。

（3）公平性。时间是一个常数，一年365天，一天24小时，对每个人是绝对公平的。世界存在许多不公平，时间却是个例外。不管你是贫穷，还是富有，它都平均分给每个人。不过，对待时间态度不同，结果也就不同：对那些虚度年华的人，时间是平凡无奇的；对那些努力拼搏的人，时间是慷慨无私的，似乎"多"给了他们无数的光阴。时间是珍贵的，善于利用它的人，可以用它取得很大的成就。

（4）可变性。时间是有弹性的。人们总是抱怨，我太忙，我没有时间。但是，热恋中的男男女女再忙，也总能千方百计挤出时间与恋人相见；爱吸烟的人再忙，总能找到吸烟的机会和时间。不信，你看看高铁站停车的时候，短短几分钟，很多人飞身来到车厢外狠命吸几口烟，等催促上车的铃声响了才匆匆扔掉烟头，飞身上车。可见时间像海绵中的水，只要挤总会有的。

越忙的人时间越多。他们能掌控时间，也就让时间有更多的弹性。道理很简单，忙，他们才对时间精打细算，想尽一切办法去有效利用；而闲人无所事事，不珍惜时间，大把地浪费时间，哪里还谈什么规划与利用？

时间安排好，相当于延长生命。教师怎样科学筹划时间呢？提出以下建议。

一、运筹，心中装着一个"四象限图"

在同一所学校从事同样的工作，为什么工作效率和结果完全不同呢？这里有必要研究一下"四象限图"，它里面藏着科学筹划时间的智慧。有的老师之所以整日忙忙忙，但是依旧一事无成，可能正是因为脑子里缺了它。

我们来看一下专家艾森豪威尔的"四象限图"：他把要做的事情按照紧急、不紧急、重要、不重要，排列组合分成四个象限。

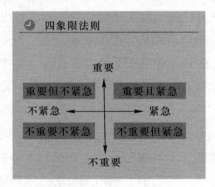

象限一：重要且紧急。这一类事情具有时间的紧迫性和影响的重要性，无法回避也不能拖延，必须首先处理，优先解决，比如重大项目的谈判、重要的工作会议等。对我们老师来说，像班里两个学生正在打架、短时间内要上的公开课等，都在这一象限。这样的工作，逼迫我们不断奔跑。

象限二：重要但不紧急。这一象限的事件不具有时间上的紧迫性，但是，具有重大的影响，对于个人或者企业的存在和发展以及周围环境和关系的建立与维护，都具有重大的意义。

象限三：不重要不紧急。这一象限的事件大多是些琐碎的杂事，没有时间的紧迫性，没有任何的重要性。这种事件与时间结合，纯粹是扼杀时间，浪费生命。

象限四：不重要但紧急。这一象限包含的事件是那些紧急但不重要的事情，因此它们具有很大的欺骗性。很多人认识上有误区，认为紧急和重要中间可以画等号，实际上，像无谓的电话、附和别人期望的事、打麻将三缺一等事件都并不重要。这些不重要的事件往往因为紧急，会占据人们很多宝贵的时间。

从上面的介绍可以看出，第二象限是"高回报率象限"。事情重要，时间充裕，只要你肯于"投资"，收益定然不菲。但是，许多重要的事情恰恰是被"时间充裕"拖进第三象限的，总觉得还早着呢，过些日子再动手也不迟。真正事情临头，又手忙脚乱，应付一气，于是事情办砸了，机会被浪费。是啊，再好的事情与机会，一旦被你拽入第三象限，也就变得可有可无。

教师读书、学习、做研究，就属于第二象限，它们重要，但不紧急。表面看来，教师在它们身上下功夫是浪费时间，其实不然，它们可以给你繁重的工作装上轮子，插上翅膀，提高你的工作效率。学习本身可能会耗费一些时间，但是学习可以助你更好地梳理自己的教学经验，整理自己对问题的思考，可使你对问题看得更透，方法更优化，从而减少无效劳动。抬头看路，也许会影响干活的时间，但这是值得的，因为这些时间换来的是你对前行方向更准确的把握，让你少走弯路。

现在太多的老师将读书写作、参加培训、讲公开课等甩到了第三象限。既然是不重要不紧急的事，那就索性欣然将其踢开。这样的老师，读书是为了应付学校检查，参加培训则闭目养神或者刷刷手机，公开课更是能推就推，不能就敷衍了事。他们也支出了大量的时间，但专业成长不快，研究成果不突出。

我（指徐世贵——编者注）就是第二象限的最大受益者。读书、科研、专业写作都属于重要但不紧急的事情。我30多年没有因此而忽略它们，而是重点关注，开发、利用它们。生下来就挨饿，上了初中就停课，我就是一个中专毕业生，书底很浅。可是经过 30 多年的努力，高投入给我带来高回报：出版 60 多部专著，到全国 20 多个省讲学；专业职称实现三级跳，评中学一级破一格，评中学高级破一格；而后又评聘为辽宁省特级教师、首批正高级教师。

一定要警惕，不要让你的时间被第三、四象限的事情大量吞噬。紧急但不重要的事，大多是些临时性事务。比如：打麻将三缺一被拉去凑人数，别人打来的闲聊的电话等。一方面我们要勇于说不，尽力推辞，比如可回可不回的邮件，干脆不回复；可接可不接的电话，干嘛要接？也可以把这样的事情，推给别人去做。毕竟人精力有限，一天时间就那么多，好钢得用在刃上。那些不重要也不紧急的事情，比如发呆、打游戏、看电视、刷手机等，可以帮我们舒缓压力，调节神经，但是千万不要沉溺其中。就像看电视，累了看一会儿，劳逸结合，能提高我们的工作效率，可从早看到晚就是浪费生命了。

二、规划，有效使用时间

人们总是抱怨，我太忙，我没有时间。其实，任何人的时间都是有弹性的。美国前总统克林顿曾说过："一定要记住，这个世界上根本不存在'没时间'这回事。如果你跟很多人一样，也是因为'太忙'而没时间完成自己的工作的话，那请你一定记住，在这个世界上还有很多人，他们比你更忙，结果却完成了更多的工作。这些人并没有比你拥有更多的时间，他们只是学会了更好地利用自己的时间而已！"

教师处于工作忙乱、"疲于奔命"的生存状态，一个重要的因素是对时间的安排缺乏计划性。调查发现，大部分教师"忙乱"的背后有两大"推手"：一是"盲目"，不清楚自己每天为什么做这些事情，所以在纷沓而至的任务面前不知"取舍"，不会"变通"；二是"无序"，捡起来哪件做哪件，不知"优先"原则和"紧急"原则，没有管理好自己的时间，结果往往捡了芝麻，丢了西瓜。

培根说："合理安排时间，就等于节约时间。"教师每天的工作很多、很杂，因而必须对活动和时间做适当的规划。

1. 常规工作时间内，有效完成常规工作

教师在蜂拥而至的各种事情面前，如备课、上课、批改作业、学生谈话、问题处理、活动组织等，要做出清醒的判断：哪些事情是重要的，需要认真筹划与处理，哪些只是细枝末节的琐事，可以延缓处理甚至放弃。对常规工作要注意方法、讲究效率，有效完成，切不可陷入泥水战。常规时间尽量控制在 6~7 个小时，把 8 小时中剩下那一部分用于处理重要但不紧急的事务。

要养成好习惯。比如，每天一进入办公室就进入工作状态，浏览一下邮件，列出今天要完成的工作。首先集中于做最重要的事情。不要一上班就浏览网页和新闻，来自朋友的消息和新闻往往会浪费不少时间，还会分散你的精力。如果你控制不了自己，总是想要上网溜达溜达，这时候应该告诫自己："晚几个小时看，那些新闻不会消失的！"

2. 常规工作时间外，发展自己

平时我们要注重学习、研究，提高自身的能力。教师在学校的时候，一定要充分利用好学校的资源：首先是校图书馆，那里藏书丰富，针对性强；其次要经常请教同事；还要用好教育网络，进行开放性的沟通与交流。用于个人发展的时间往往是零散的，但是日积月累，砖块可以垒成大厦，茅草可以蔓延坡地。

3. 设计日程表

早晨上班(或前一天临下班时)对接下来的工作在日历上写出要点，把各项工作按重要性进行分类，把主要的时间和精力用来处理重要的或较急迫的事情，如：可以把 60% 的时间用于处理重要事情，20% 的时间用来处理一般事情，其余 20% 的时间作为弹性时间来运用。这样就抓住了主要矛盾，确保了各项工作的顺利完成。

4. 学会合作

当前普遍存在着教师工作时"单打独斗"的现象，同样的事情你做我也做，无形中会浪费许多时间。为此，学校要倡导教师学会合作，发挥团队优势，如教师在年级组中可自发成立"课件小组""后进生转化小组"和"后勤小组"。某些教师负责制作课件，某些教师负责研究应对个别生的教育，某些教师负责整理、下发通知以及学生收费等事务性工作。大家分工、协作，将年级组中每位教师都可能重复做的事情进行整合，可以大大节省时间，提高工作效率。更重要的是，还有利于增强同事之间同甘苦、共患难的亲密感、信任感和分担感。

5. 充分利用学生资源

有些优秀教师在介绍自己的教学经验时说："在教育教学中，只要学生能做的，我就坚决不做！"这种观念和做法应该大大提倡。因为它既能减轻教师的负担，更能锻炼学生的能力，可谓一举多得，教师为什么不利用呢？特级教师张思明就经常指导学生做课件，这些课件不仅教师可以用，学生也可以用。魏书生经常外出讲学，而班级成绩还很优异，正是培养了学生自我教育和自学能力的结果。

6. 合理安排家庭事务

根据一些教师处理家庭事务的经验，可归纳为"十六字家政方针"，即：适当分工，彼此宽容，生活从简，忙中寻乐。有适当的家务分工，可以使人减少忙乱，增强家务料理的计划性、条理性；有了彼此的宽容，就不会斤斤计较、互不相让；有了生活从简的理家指南，可以节省料理家务的时间，适应现代生活节奏的需要；有了忙中寻乐的生活哲学，可以从单调的家务中，寻求到情趣和快乐，调剂身心疲劳和紧张状态。

特级教师吴正宪是这样利用时间的：

第一，目标明确。她说："我始终保持一个很好的习惯，即年年有目标，月月有计划，周周有安排。每天早上我常常以小时为单位安排好一日工作。"

第二，忙而不乱。她说："我的工作原则是：在做好本职工作的基础上，努力做好社会工作；白天做不完的工作就在晚上做；紧急的工作优先去做。我早已适应了这种高频率、快节奏的工作生活方式。多年的实践使我逐渐学会了'弹钢琴'，繁杂的工作，忙而不乱，井然有序。"

三、节省，减少时间浪费

教师掌控时间，不仅要考虑时间的充分利用，还要考虑如何去节省时间，如备课前，用知网查询系统将正式发表的课文相关内容（包括教材分析、教学设计、课堂实录等）悉数下载，然后结合自己的阅读积累和教学经验加以沉淀，在此基础上进行文本解读和教学设计等。做班主任和做行政是两种法子。如果是班主任，要列一个计划表，有序地进行处理；如果是行政性的杂事，快刀斩乱麻，速战速决，或第一时间分配给相关人员去办理。学生作业，或一次性解决掉，或化整为零，即每天按量完成一部分。比如作文，可以规定每天一到办公室，马上改完10篇，然后再干别的事情。

以下节省时间的12个要点可供参考：

（1）把每天要办的事按轻重缓急列出一览表。

（2）用主要时间去做好最重要的事情。

（3）不把时间浪费在对失败的懊悔上。

（4）按计划去逐项做，不因哪项工作有困难而放弃。

（5）做任何事情都要寻找窍门，避免一味蛮干。

（6）尽早终止那种费时费力而毫无收益的活动，如乱打电话、毫无意义的闲聊、无节制地看电视、打麻将、摆放东西等。学会拒绝也是一种艺术。

（7）最好一次集中力量只做一件事。

（8）无论做什么事都对自己提出时间要求。

（9）东西摆放井井有条，不因百般寻找而浪费时间。

（10）减少一切"等候时间"，并学会利用"等候时间"。

（11）把琐事积攒起来，每月抽出三个小时集中处理。

（12）要从每一分钟得到乐趣和效益，有些时间不可避免地耗费在意想不到的事情上，但不为此而烦恼。

（选自郑杰斌《教师的时间管理艺术》）

四、开发，利用零散时间

爱因斯坦说："人的差异产生在业余时间里。"正是抓住了业余时间，特级教师窦桂梅潜心读书学习，认真备课思考，从一个师范毕业生成长为全国著名特级教师。正是抓住了业余时间，魏书生写了几十万字的日记，自我反思，积累了深厚的教学功底，成为著名的教育改革家。著名歌唱家朱逢博本是建筑系学生，业余爱好歌唱，经过努力，最后成为歌坛明星。张抗抗坚持利用业余时间写作，最终成长为一名青年作家。这样的事例不胜枚举。所以，一个想发展的骨干教师，必须学会开发和利用业余时间。

时间还有个特点，更多地呈现为碎片化状态，也就是说每个人的剩余时间，会被各种各样的繁杂事务切割成许多零零碎碎的小块时间。比如：等公交车15分钟；批改完了作业，上下一节课还有8分钟；吃饱饭了，距离出发还有10多分钟；等等。现在的时代，是快节奏的，每个人都行色匆匆，忙忙碌碌。没有人会给你安排专门的时间去读书、写作、研究、锻炼。教师要学会见缝插针，根据时间的长短，合理地安排要完成的事情。如在看学生做操时，可以抽空背诵一些诗词。书读得越多，备课越轻松，跟学生交流也越容易。所以，读书看似使人忙碌，其实是使人变闲暇。特级教师李镇西正是这方面的高手，坐高铁、飞机，如果时间稍长，他就静下心来写作，很多作品就是在这样的"飞速中"诞生的；比较短的时间，比如候机只有十几分钟，他就整理电脑桌面，处理微信留言等。

五、安静，保持专一的心力

非静无以成学，时间的利用与人的心理状态关系密切。在浮躁的今天，教师应控制好自己的情绪，养成安静的习惯。要使自己能够沉静下来，就要有自主活动的时间与空间，我们必须学会在繁杂的事物和应酬面前说"不"。

在日常生活中，做自己不情愿、无意义而又劳民伤财的事，是最浪费时间的，而它们却时有发生。例如你本不喜欢喝酒、玩麻将、唱歌、跳舞等，可接到同学、同事、亲友的邀请，盛情难却，不得不硬着头皮去应付，结果既浪费了时间，又很不开心。其实，有时与其耐着性子应付，不如一开始就委婉或直截了当地拒绝。

对有些事情敢于说"不"，别人一开始可能不太理解，可慢慢会理解的。因为你需要把你自己和你的需要放在优先选择的第一位。学会说"不"，不仅可以尽情享用你所拥有的业余时间、精力和空间，而且你的尊严、自尊、自信都将进一步提高。

让心灵尽快静下来，还要学会远离诱惑。手机、电脑、电视等，都如同面目狰狞的恶兽，随时准备吞噬我们宝贵的时间。比如：你正在写文章，旁边的手机"笃"响了一下，你下意识地拿起来看看，不知不觉地就开始了"刷屏"之旅。等你意识到，半个小时已悄然流逝。所以，我们做重要的事情的时候，要有意识地远离可能对你产生干扰的事物，比如去一个无人的房间，手机扔到另一个房间里，身边不要放容易引你走神的东西。

六、场力，推着你前进

不知你有没有这样的发现：在图书馆里，我们更容易紧张起来，很快进入聚精会神的阅读状态，而客厅的沙发上，我们则很自然地放松，看看电视，刷刷微信，品品香茗……这就是场的力量。所谓的"场"，其实是包含大量行为线索的环境，这些行为线索会刺激你做出特定的行为。

场的力量，一方面来自他人的行为。人是一种社会性的动物，如果同一个环境里，别人都在努力工作，它自然也会暗示你该行动起来了。都知道衡中的学生学习效率超高，就是因为那里每个孩子都争分夺秒，整个学校已经形成了拥有巨大力量的场。场的力量，还来自自己过去在某个场景中的行为。比如：你经常在书房的桌子上工作，这个地方就更容易让你进入工作状态。

所以，我们要多和正能量的人接触，多去图书馆、办公室等人们积极工作、学习的地方，让别人的行为，刺激我们的感官，鞭策我们去努力上进。另外，我们平时学习或者工作时，尽可能固定在一个地方，比如书房，进入这样的场景，我们的身体会不由自主地切换到工作、学习状态，效率自然得到了提升，也就节省了大量的时间。

七、放松，会工作、会学习、会休息

珍惜时间并不等于不注意休息地蛮干，打疲劳战术，反而会降低工作和学习的效率。有时，休息是为了走更远的路，停滞是为了更快地发展。时代走到今天，学会好好生活，成为越来越多人的共识，更多的人开始追求生命的质量。一个人仅有事业上的成功，只能算成功了一半，唯有兼顾事业、家庭、人际关系、个人成长等人生各个层面的和谐发展才算是真正的成功。

也许你不相信，提升工作效率的最后一点是彻底放松、休息。你放松了、休息好了，精神状态就好，精力也会更充沛，工作效率自然就高。相反，连续加班，持续高压，效率却不可持续。人生是一项长跑，不是50米冲刺。只有彻底地放松，才能更有精力地去工作。问题的核心是：怎么做才能做到最有效的彻底放松？这里不妨推荐给大家几种方法：冥想（静坐）、和知心朋友聊天、散步、听音乐、旅行……所有最适合自己的、让你最放松的方法都是好方法。休假的时候，就彻底忘记工作，告诉自己："工作是忙不完的，没有你，学校各项工作还照常运转，也许转得更快呢！高效工作的目的是什么？不就是为了省出时间来享受生活嘛。"

多年来我（指徐世贵——编者注）之所以在教科研方面有一点成果，除了注重学习方式以外，还与特别注意利用好时间有密切的关系。下面将利用时间的"八个一点"的体会分享给大家。

1. 计划一点

用最好的时间，去做最重要的事。做事分清轻重缓急。把备课这项最重要的教学任务，力争第一时间完成，解除后顾之忧。

2. 节省一点

掌控时间，不仅要考虑时间的充分利用，还要考虑如何去节省时间。为了潜心教学和研究，我放弃了很多对我来说意义不大的东西以赢得时间，如我从来没有打过电脑游戏，也很少看无聊的电视连续剧。不忘初心，坚定信念，不断成长。

3. 利用一点

要注重边角余料业余时间的利用。我的作息时间是"百灵鸟型"的，说起来也算怪癖：只要在家，晚上八点钟就睡觉，一般凌晨 2～3 点钟起来（有时是 12 点钟起来）写东西，或者阅读。如果有睡意，可以再睡一会儿。如果没睡意，一直工作到吃早饭。这段时间是我的黄金时间，我很容易进入高效状态，兴奋，有灵感，很多东西是这个时间写出来的。另外，双休日和寒暑假，除了外出讲学、开会，这些大块时间都被我利用了起来。

4. 结合一点

尽可能把自己学习钻研的内容与实际教研、培训和讲课内容有机地结合在一起。教、研本为一体：教基于研才更科学，研源于教才有活力；善教者必是善研者，善研者也必是善教者。

5. 替代一点

能够让别人替代我做的事，尽可能地让别人去代办，让自己从琐碎的日常事务中解放出来。我在家里基本是甩手掌柜，琐碎事一般很少管。

6. 果断一点

做事考虑太多，就优柔寡断。深思熟虑是好事，但若想得太多，迟迟不敢下决心动手执行，也会浪费时间。所以，每天摆在面前要做的事很多，不能左顾右盼，瞻前顾后，优柔寡断，有时需要果断一点，只努力做好一件事。其实，在许多情况下，并没有百分之百的对、百分之百的错，只要用心去做，就是正确的选择。

7. 限时一点

争取在限定的时间内完成预定的任务。人的大脑有一种惰性，在没有时间限制、没有紧迫感的情况下，往往紧张不起来，因而会影响工作效率。应该学会无论是与别人做事还是自己做事，都设法限定时间。

8. 安静一点

非静无以成学，我们要控制好自己的情绪，养成安静的习惯，不纠结于琐碎的事务，做一个积极而又安静的人。忙时心不乱，闲时心不空。内心从容安定不抱怨，慎独养身，没有其他杂念。面对荣誉，要拿得起，放得下。不要在乎别人的毁誉，而要自信自醒，打击你的力量就是前进的力量。但问耕耘，莫问收获，竭尽全力，就是胜利，慎独是最好的善待自己。

在忙碌中拥有闲暇，偶尔我也会听听音乐、小品，和老同学、亲朋好友聊聊天，调整自己紧张的神经。

珍惜时间如同向银行储蓄一样，有投入就一定会有回报。

　　为什么要写这样一本书？每个做教师的都十分渴望专业成长，都希望把课上好！可是怎样才能让自己成长得更快一些呢？笔者一直想把自己多年的成长体会和对教师专业成长的研究体会，与教师们做交流，写这本书就是一种尝试，希望通过文字交流能对教师有所帮助，让教师在专业成长上，少走一些弯路，减少一些痛苦，增加一些快乐。

　　许多教师问我：徐老师，很奇怪，你的学历不高，底子很薄，但为什么成长很快，又出那么些研究成果？你上课，上课出成果；你做教研，教研出成果；你做培训，培训出成果；做科研，科研出成果。为什么？

　　我说：没什么诀窍，除了执著和勤奋外，重点抓四点。一是干什么就研究什么，把研究与实际工作紧密结合，即种好自己的那"一亩三分地"。二是我酷爱阅读，大量地阅读和研究名师，拓展了我的视野。三是我喜欢把自己的创意和学习思考加进工作里，工作中既尊重常规和上面下达的各种指令，又不拘泥，不唯书，不唯上，设法结合工作实际创造性地去开展工作。四是我平时重视对工作经验的及时反思和总结，即设法把自己的工作经验和成果梳理写出来，做到有想法、做法，还有说法。这也能使自己的工作经验从感性上升到理性，从零散走向系统，从肤浅走向深刻。这是我不仅有工作成果，还有研究成果的原因。

　　我一直认为，每个老师都是一个潜力股，都蕴藏巨大的发展潜能，但是这要依靠教师用"自主成长力"去努力开发。真正的名师是自己培养的。笔者谈到的四点体会核心是"自主成长""做最好的自己"。所以这本书叫作《青年教师自主成长的秘诀》。

个性是人最有价值的一部分，人最精彩的东西在个性里边，人的创造力藏在个性里面。天生我才必有用，你要寻找到自己的独一无二，即属于自己、区别于别人的个性的东西。你发现了你的个性，你就找到了自己；你找到了你自己，你就找到了成功。

当然，自主成长不是自己闷头成长，海纳百川，有容乃大，教师成长必须重视学习各种理论和借鉴名家的研究成果，从而拓展自己的思路。人要有三个头脑：天生一个头脑，书中得到一个头脑，实践得到一个头脑。但是一定要谨记：学习别人为的是强大自己，而不是迷失自己。实践是理论的故乡，要关注自己原生态的经验与问题，发生在自己课堂中和学生身上的那些问题往往更真实、更鲜活、更生动。苏霍姆林斯基、于漪、魏书生、窦桂梅、吴正宪这些名家名师的研究成果都是从自家"一亩三分地"里长出来的。

周国平说："人生最低的境界是平凡，其次是超凡脱俗，最高是返璞归真的平凡。"是的，伟大出自平凡，成功的路上并不拥挤，因为坚持的人太少太少！所有的坚韧不拔迟早都会得到回报的。如果老师能坚持自主成长，又采取了正确的成长方法，请相信，未来成为一名卓越型的教师不是梦。

在本课题的研究中，我们参考了部分名师的研究成果，在这里表示最诚挚的谢意！由于我们学识水平和教育理念的不足，加之时间匆忙，书中肯定会有很多问题和不足，乃至错误，恳请广大专家学者、教育同仁不吝批评斧正，不胜感激。

徐世贵

2021 年 3 月 3 日

图书在版编目(CIP)数据

青年教师自主成长的秘诀/徐世贵,纪文杰著.—上海:
华东师范大学出版社,2021
ISBN 978-7-5760-1893-6

Ⅰ.①青…　Ⅱ.①徐…　②纪…　Ⅲ.①青年教师-师
资培养　Ⅳ.①G451.2

中国版本图书馆 CIP 数据核字(2021)第 116382 号

大夏书系·教师专业发展
青年教师自主成长的秘诀

著　　者 徐世贵　纪文杰
责任编辑 卢风保
责任校对 杨　坤
封面设计 奇文云海·设计顾问

出版发行 华东师范大学出版社
社　　址 上海市中山北路 3663 号　邮编　200062
网　　址 www.ecnupress.com.cn
电　　话 021-60821666　行政传真　021-62572105
客服电话 021-62865537
邮购电话 021-62869887　地址　上海市中山北路 3663 号华东师范大学校内先锋路口
网　　店 http://hdsdcbs.tmall.com

印　刷　者 北京密兴印刷有限公司
开　　本 700×1000　16 开
插　　页 1
印　　张 14.5
字　　数 208 千字
版　　次 2021 年 8 月第一版
印　　次 2024 年 3 月第五次
印　　数 13 101-14 100
书　　号 ISBN 978-7-5760-1893-6
定　　价 49.80 元

出 版 人 王　焰

(如发现本版图书有印订质量问题,请寄回本社市场部调换或电话 021-62865537 联系)